小秦淮河钩沉

孙宁 著

文汇出版社

孙宁，女，扬州市作家协会会员。1956年出生于北京一部队大院，1963年随父母转业回老家扬州，并在扬州完成小学、中学教育，后又长期生活于扬州。1975年成插队知青，在农村生活四年。回城后进入扬州漆器厂工作，同时考入扬州师院夜大学，中文系毕业。其间从事过多种职业，涉猎多种笔耕。曾在医院、企业、银行工作，也曾担任多家单位的撰稿人，积淀了丰富的人生阅历。《小秦淮河钩沉》是其发表的第一部关于家族史的作品。

序

　　古往今来，每一个国家、每一个民族都重视修"史"。正因为有书载之"史"和图载之"史"，国之为国，才留下文脉；家之为家，才家风传承；人之为人，才留下记忆：活着的人从"史"中得到借镜，从而少走弯路，遇事警醒。

　　一般说来，官修的"史"比较严肃，难免因为严肃，更因为背后种种不为百姓所知的原因，丢失了许多真实有血肉的记忆。比如，地方志中的人物事件，就很难立体地"活"在纸上。私家修的"史"是否一定有血有肉呢？也不尽然。"家史"宜上下不出三代，方能写出真切的情感体验；"家谱"上溯高祖远祖，读来便如膜拜牌位。在私家修的"史"中，个性化的"史"往往为人所珍。因为，写史人亲身经历，往往叙事细腻，抒情酣畅，议论可信，使人如临其境如见其人如闻其声，弥补了官"史"、远"史"的缺憾。我们读名人自传，是读名人的成长史心灵史，因此而励志而感奋；读个性化的"父母史"，是回望父母艰难竭蹶蜡炬成灰，因此而感怀而惆怅。所以，适之先生为梁任公55岁仙逝没有留下传记深感痛惜，认为每一个人都应该写传记。适之先生所说的传记，是个性化的，追问的却是人类生活、人性之中普遍令人痛苦、令人疑惑的问题。它不单是个性的，也是共性的；不单是老黑格尔说的"一个'这个'"，更映照出时代的风云。这样的私人"史"，每一位读者都会从中得到启迪，从而感喟时代，感悟人生。因此，其意义也就超越了当下，指向了永远，成为官"史"的有效补充。

眼前这位孙宁女士，心里有一段无法释怀悲欢离合的往事。她从曾为县令的曾祖父买宅扬州设帐授徒写起，写祖父、叔祖父教馆为业，继而写父亲孙恒峯投笔从戎转战南北，在国防部军委疗养院与珠江边长大的广州西关名门之女赵展鸿结婚，由此引出父系族群、母系族群甚至祖父系族群、祖母系族群五代人的百年故事。从小秦淮河边枕河而居的三合院，写到广州八房老旧家，这其中，有亲人业有所成，有亲人遇牢狱之灾，有亲人定居香港，有亲人远赴美国，有"组织介绍"结为婚姻，有跨国婚恋故事，有亲人被定为"现行反革命"，有亲人自绝于世，写到"文化大革命"父亲被挂牌戴高帽批斗，下放锦西卫生院直至染病辞世，还写了自己在北京总参小西天部队大院、扬州东关老街的快乐童年，写了下放成为知青的艰难年月，旁及虹桥邻居中长辈以全省第一的成绩考入扬州中学，继而在武汉大学读研却被视为"走资派"受"革命小将"冲击，连带其妹受冲击投河自杀……孙宁将家族故事连带河边故事、扬州老城故事写得血肉丰满，有情，有爱，更有泪，有痛。

作者的写法也是十分独到的。上下五代人，四个家族，若干小家庭，空间跨越全国，时间跨越百年。如果不擅取舍，很容易陈芝麻烂谷子无法串联。作者以祖屋斜坡下的小秦淮河为线索，旁及当年扬州东关街、广州西关珠江边，在河水的流动之中串联起了大大小小的故事。"水"，使行文如水浪般节奏时有缓急，也使故事的背景柔情依依，《小秦淮河钩沉》其实是"秦淮人家钩沉"，是扬州风情故事，甚至是广州风情故事，百年家族史成为老城扬州百年史、老城扬州人的百年史，甚至中国社会百年史的缩影。我读了，有感动，有沉思，心中升起对芸芸众生随时代风云激荡而命运起伏的大同情大悲悯。

我与孙宁，有一段共同穿越艰难生活的经历。我们都因时代原因辍学，又欣逢政策放开于 80 年代初成为扬州师院第一届夜大学生。老师们说，论对文学的理解，这届学生是他们执教以来最好的学生。我想，是因为我们比本科娃娃们多些生活积累的缘故吧。孙宁是这届学生中的才女。她因怀孕产女，实难坚持夜读，我抄出每课笔记给她；我因异地读书，难以兼顾两校，她复印每课笔记给我。如果说 20 世纪 80 年代是中国人改变命运的开始，夜大三年则是孙宁与我改变命运的开始，她成为国家干部，我取得两地学历飞出扬州。我知道她心里有故事。她早就该写出来。她终于写出来了。她写的是几代人真实的生存感觉与生命体验。而主体真实的生存感觉与生命体验，正是文学之为人学的价值所在。

东南大学教授、江苏省文史研究馆馆员

序二

说实话的历史存迹

当我们触碰历史，回溯这一过程时，往往会被一些翔实的历史资料所吸引。找到历史的存迹，是大费周章的一件事。浩如烟海的历史，钩沉出故事，得找好下钩的地方。在这当中，留存的文字固然重要，但一些老物件、老照片也在佐证着这段历史。我们看着，犹如听着，视觉、听觉融合了起来，历史的发声就是这么奇妙。

《小秦淮河钩沉》就是这样一部书，一个家族的百年命运。我们跨过扬州小秦淮河上的老桥，一座圈顶的弧像彩虹样的桥。沿河的老屋还在，曾经的一个门墙上，嵌着一个古朴的"孙寓"门牌。几十年过去，孙家的一个后人，打开了这扇门，厚重的历史之门。

走进去瞧瞧，每一个拿到这本书的人，都会涌动着这个念头。20 世纪初叶的情景，离我们远去。想了解的东西，定格在历史的教科书上。那些宏大的叙事，波澜壮阔的场景，是国家史。犹如铸在鼎上，不可磨灭。而我们的小家，一个家族的故事，也会使人感兴趣。"孙寓"的百年，从 20 世纪初的沧桑中走来，一路悲欢离合，会让我们亲近很多。

　　书的封面，扑面而来的是历史悠久的、小秦淮河上的小虹桥。掀开书页跃入眼帘的，就是一帧古朴字体的"孙寓"门牌。书的作者孙宁女士，收录了父系孙氏家族、母系赵氏家族的上百年的史料和照片。我不知道她是怎么收集到的，这些东西，在我看来都是劫后余生的东西。书的文字固然好，配上这些实物照，及人物的老照片，书的话语会灵动起来。

　　阅读这本书，我的手托着有不寻常的持重感。是书里的百年分量，推动着我去重温 20 世纪后半叶的历史。顿时产生一股炙热，让这些图片和照片有了生命的记忆。书中呈现了百年以上的孙氏家族分家的文契、房屋土地文契、阴地文契、民国的土地执照和祖宗的几座牌位。此外还有，作者父母亲的军功章、立功证书、奖状，及上辈人的许许多多的珍贵照片。

　　这些留存的老照片、老物件，是历史长河中溅起的生活浪花，更是历史链条中不可或缺的环节。那些特定的形态，场景与细节，可以给我们提供这个历史时期的社会文化内涵。虽然后世的人不能身临其境，但有了这些承载历史的物件、照片存在，还是能说明一些问题。并能够透过历史的风云，拨开一些迷雾，还原历史上的真相和本质。

苏珊·桑塔格曾说："只要时间足够久远，所有的照片都会变得有意味和感人。"这些老照片，从家事的视角，真实地再现了一个普通中国家庭的部分历史原貌，让我们获得了正襟危坐的教科书之外的鲜活而生动的感性历史。尽管这些照片会泛黄，但我们喜欢的是老照片的魅力，以及对时光流逝的那一份无可奈何的蹉叹。

作者孙宁女士，以真挚的感情、真实的故事，依附着小秦淮河水的流淌，以质朴隽永的笔调，深厚的情感，向读者娓娓道来。一个百年，人生的华彩、沧桑，尽情演绎。亲人音容跃然笔端，神情再现。字里行间却跃动着家族的脉络，伴随着时代的进程，历尽坎坷，顺应潮流。

家与国是息息相关的。作者讲述的只是家庭故事，折射的却是特定年代里普通中国人的共同命运。读者不难从中联想到自己及父辈或祖辈的某些经历，体悟似曾相识的人生况味。作者能以图文合一的方式，原汁原味地呈现百年生活记录，确属珍贵。这些日常中的斑驳碎影，彰显了生活，更赋予了人情味。使得作品丰满立体，有助于我们对岁月的打捞，及历史的凭吊。

江苏省农业农村厅退休干部、高级农艺师

小秦淮河钩沉
Xiao Qin Huai He Gou Chen

目录

引言

　　小秦淮河，是扬州城的一条内河。河流由北往南，和外环的古运河，奔向同一个方向。

　　用"小秦淮河"之名，当是受了金陵城的影响。蜚声南北的小秦淮河，有两公里长，宽不过三五丈，犹如城市的细腰，盈盈一荡，就婀娜了起来，流出的水和故事一样多。城市风骨及两岸的春风一度，在这里留下了诸多过往；河的承载，人文的情话和数不清的故事，从这里流了出去。同样的桨声灯影，同样的风物迁变，伴随着同样的悲欢离合。桨的一个转圜，小秦淮河依旧，人已物是全非。

　　一个秋日的午后，我到了小虹桥上，凭栏眺望这条河。水流平缓，岸边尚存不多的老柳树，部分的叶子已经泛黄。植物的一岁一枯荣，是生命的一个定律。而人呢？清代诗人说：江山代有才人出，各领风骚数百年。他说的人，是百年的过往，一代代传了下去。很多人是，前不见古人，后不见来者。

作者 2019 年秋踏上小虹桥留影

现在的小秦淮河
小虹桥

悠悠岁月，有着说不尽的相思。一个甲子的岁月，倏忽而过，并不算长。但这是我的生命全部。沿小秦淮河上溯，就在小虹桥上，一片绿荫的后面，我仿佛看到：一户精致的三合院，挂有"孙寓"一个偏古朴字体及钉入的门牌。命运让我归入孙家，这一个门牌，就在我身上打下了深深的烙印。几十年来，我背负这张门牌，亦步亦趋前行。桥的石阶，留下的印迹，不断地被磨损。从天性初开，到心智成熟，我的路走过了大半辈子。终于过了一个甲子，我的心里的迷雾逐渐散去，升腾起了一片敞亮。

高尔基曾说过：时间的流逝，许多往事已经淡化了。可在历史的长河中，有一颗星星永远闪亮，那便是亲情。此刻的心，一刹那的镜像，我想起了我的亲人们。虽说我已三代同堂，享天伦之乐。但我的先人们，尤其是逝去的父母，频频回眸而睐。时间可以让人丢失一切，可是亲情难以割舍，总是挥之不去。即使有一天，亲人

孙家祖宅门牌

离去，但他们的爱却永远留在子女灵魂的最深处。

　　岁月被如沙的时光掩埋，回首时似乎了无痕迹。当我去揭开一重重历史帷幕，挖掘陈年往事，聆听记忆的回声时，心中便隐隐作痛。总有一个个鲜活的面容出现在眼前、一串串岁月的足声在天宇间回响……我的先人们，今在哪里？我等待着黄昏，等待着暮霭的围合，直至心的平静。我想拿起笔，让我的笔义无反顾地走进历史，我就会再见他们。

　　我的父亲，于1921年农历一月初四生于扬州小秦淮河边，那一个"孙寓"里。在父亲生辰100周年之际，谨以此书表达女儿深深的怀念和难以忘却的纪念，并以此书告慰母亲的在天之灵。

一

　　1840 年，清朝鸦片战争失败，大清的气数已是江河日下。庚款留学生詹天佑，学成回国后修铁路，工业革命的风暴迭起。大清的遗老遗少哭诉，铁路不能修，会断了大清的龙脉。此事犹如戏言，后来竟一语成谶。我的曾祖父孙煜中，是清末京城附近的一个县令。他的父亲孙晓峯生前曾是清朝例授修职郎——正八品文官的散官官级。此时，他有感于大清已是风雨飘摇，官难做，民难当。上祖孙家的兵书说，走为上！于是曾祖悄然举家，迁徙到曾富甲一方的古城扬州。

　　彼时，来到扬州的曾祖父孙煜中已淡泊名利，远离尘嚣。本着"小隐隐于野，大隐隐于市"的理念，在扬州小秦淮河小虹桥 2 号寓所做起了寓公。从县令到寓公，本质上是一种文人

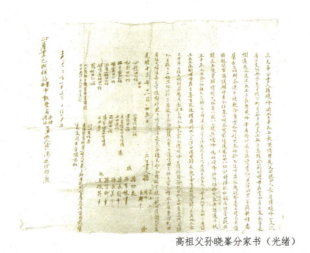

高祖父孙晓峯分家书（光绪）

的属性。唐诗宋词的流韵，一直在眷顾着扬州这座城市。瘦西湖水，蒜山晴雪，烟花三月，方亭瘦马，无不渗透出一种俗雅共赏的文化底蕴。一座陌生的城市，一个归隐的七品官，开始了他与他的一家子的新生。

　　我不知道"三年清知府，十万雪花银"是一个什么概念，但一般来说致仕官员房子总是买得起的。当时的小秦淮河的两岸，闹中取静，适宜养老。东岸一带的教场，是文人荟萃之地。茶楼、书场、古玩及花鸟虫鱼，托起了一片市场，声誉鹊起。小秦淮河上的砖石结构的单孔桥梁，有十余座之多。就桥形而言，小虹桥应该算是小秦淮河上最漂亮的古桥了。它始建于明

6

代，有着规整的拱券，飘带似的桥身。沿河的河壁由麻石垒成，岸边一株桃树一株柳，河上行一些小船。沿河行走，或隔岸观花，都是很惬意的事。

沿河住户均枕河而居，大多单门独院，青砖黛瓦，各小院鳞次栉比。小虹桥 2 号寓所，坐北朝南大七架梁，开间明三暗四。此屋后有靠，前有挡。出门见水，水可生财。左手上大麻石铺成的台阶至南柳巷，可通四面八方，熙熙攘攘，行人如织；右手顺小路至小秦淮河的小虹桥，沿河商铺酒肆，家家户户，炊烟袅袅。

安居以后，曾祖父首先要忙的，是为儿女操办婚姻大事。曾祖父育有两男一女，大儿子、小儿子都到了弱冠之年，女儿也到及笄之期。按照旧时先嫁后娶的礼数，孙家为女儿找了一位顾姓富家子弟。夫家是独子，家境殷实，住蒋家桥。夫家在彩衣街有几个铺子，几代经营，专营寿衣，顾家店铺以诚信为本，在彩衣街小有名气。虽是做冥事寿衣之生意，也赚得满盆满钵，置得多处家产。旧时代的婚姻，是父母之命媒妁之言。成婚之日，曾祖母准备了丰厚的陪嫁。如花似玉的孙家大小姐，哭哭啼啼地上了花轿。孙家年轻的一代，就这样把根植在了扬州。孙家虽不是什么王侯世家，但一朝由官变民，子弟不免也有 "旧时王谢堂前燕，飞入寻常百姓家" 之感。

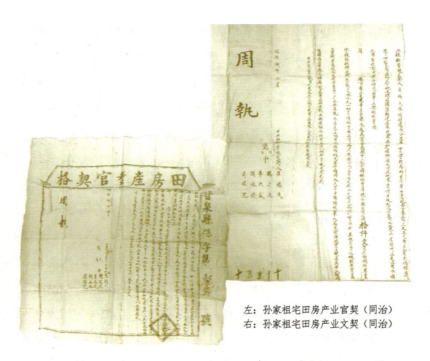

左：孙家祖宅田房产业官契（同治）
右：孙家祖宅田房产业文契（同治）

　　此时的曾祖父孙煜中，不知是落进了官与民的反差无法释怀，还是这晚清的官当得郁闷？来扬州后，身体一直抱恙。原想用喜事冲一下厄运。怎知经过如此变故和劳顿，身体每况愈下。曾祖父一下子病倒了，且久病不愈。这清幽的小秦淮水，也不能使他回阳，不久便撒手人寰。哀哉！痛哉！曾祖母一下子接受不了这种命运的打击，不久也随夫而去。

　　短短时间内，先后痛失长辈，让兄弟俩悲痛万分。痛定思痛之余，先安葬父母，再成家立业。兄弟俩谨遵家训：一不做官，二不经商。除此之外，还能干什么？除了自幼饱读圣贤之书，科举这条路显然行不通了。传家的"四书五经"仍在书柜里躺着，手不能提篮，肩不能挑担。可能脑子里的指导思想是"万般皆下品，唯有读书高"，兄弟俩做了一个决定：开私塾学馆。于是，小秦淮河边多了一个"孙书房"。一个识字解惑，为师为表的地方。两兄弟的所为，算是对先父的寄托和传承，也找到了自己立命、养家和立本的一条路。

从此，伯仲之间相依为命，携手共济。哥哥孙海珊（号汉丞），弟弟孙溥源（号博泉，即我的祖父），当起了大先生、二先生。此前，祖父孙溥源曾在辛亥革命时当过兵，官至上尉文书，解甲归田后，有在刘某某的京剧团当账房先生的一段经历。追溯扬州与京剧的历史渊源，扬州盐商为了取悦当朝皇帝，组织四大徽班进京，长期在京演出，开创了戏剧史上的新纪元，因此，扬州曾是中国戏剧的重镇。在此祖父结识了不少文人雅客。他出身官宦之家，读过很多圣贤书，生得儒雅俊朗。如若不是家庭遭到如此变故，定然会娶一位门当户对的大家闺秀为妻。然而，面临着如此境地，兄弟俩商量要娶能安家立命的女子为妻。大先生娶得一位六合乡下女子为妻，二先生娶得一位邗江蒋王乡下女子为妻。所幸两位姒娌勤劳善良，相处和睦，持家有方。

9

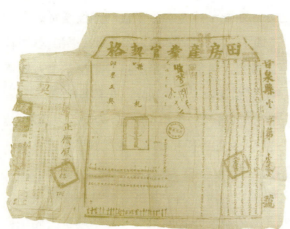

孙家祖宅田房产业官契（光绪）

孙家阴地文契（光绪）

　　择吉日，孙书房开张。同门兄弟教书，街坊上传为佳话。而且，两兄弟读过的诸多圣贤书，派上了用场。邻里纷纷送适龄孩童来书房念书，是一件功德无量的事。孙大先生和蔼可亲，孙二先生博学严谨，一张一弛，一动一静。书房的名号传了出去，小秦淮河边响起了琅琅的读书声。外来户的孙家，已经逐渐融入了这个城市，成为这个城市的一分子。

　　此时，是北洋军阀统治时期，也是辛亥革命的余波犹在，中国社会自身的内部变革、国民的道德观发生巨大变化的时期。孙书房在此时契入，合乎人心。两先生除了启蒙，还向学生灌输一些先进的科学技术理念和新的思想观念。一时间，孙书房在小秦淮河两岸站稳了脚跟，并小有名气了。

　　孙大先生、孙二先生为人宽厚，知书达理。在小秦淮河两岸，有不少大户人家，也有一些普通人家，孙家先生均一视同仁。祖父孙溥源博学，古文功底很深。除了打得一手好算盘，一手行楷写得很有功力，常替人写商店招牌。有钱的人，学费交金、银器或银圆，没钱的人家送米、油、鸡蛋等。就这样女人持家，男人教书，日子过得也算安逸。

　　我的祖母出生在邗江蒋王乡下，是位缠足小脚女人。祖母的父母很早离世，有一位妹妹，因小她几岁，故逃过了缠足的命运。祖母姓步，名云卿，几乎没读过书。祖母长相端庄，面庞清秀，会女红。此外她善于待人接物，勤俭持家，还做得一手好菜。故虽与祖父文化、家庭背景差异较大，也深得祖父的欢心。祖母曾多次对我说，当初她娘家在邗江蒋王乡下，接受的是千年传承的农耕文化，崇尚"男耕女织""耕读传家"。庄上人听说她嫁了个城里的私塾先生，都说她嫁到"青石板上"了，言外之意：清平。然而，祖母对与祖父的一世婚姻，无怨无悔。

　　小秦淮河的孙家，在扬州开枝散叶。祖母共生了八个孩子，仅存一女两子。我的父亲是长子，1921年农历一月四日，父亲踏着瑞雪来到了这个家庭。家庭添丁了，又是一个男丁，平添了很多喜悦。大先生家，留存二子，取名：恒富、恒贵。二先生家（我祖父）是一女二子，长女取名：淑贞，长子起名：恒峯，次子名：恒华。三代后，添了五个孩子，男丁翻了一番。大先生、二先生为儿子取名的本意，可能是富贵荣华。只是我父亲的名，用了曾祖一个峯字，有别于其他孙家兄弟。峯，山耑也——《说文解字》（耑：顶端）。可见祖父对父亲寄予厚望。

　　门前，小秦淮河河水静静地流淌，殊不知外面的世界已腥风血雨。1926年，军阀孙传芳窃据扬州，严苛重税，民不堪负重。当地交通、盐业、实业、银行等，不堪勒索而停业。孙书房也受到了外界的冲击和干扰，但教学从未间断。家中的孩子们陆续长大，也到了接受教育的年龄了。四个男孩中，父亲从小资质聪慧，德才兼备。在孙书房同年龄的一众学童中，成为榜样和翘楚。

孙家秉承祖训：诗书传家，勤俭持家，尊老爱幼，明事知礼。家规很严，长辈主张没有规矩不成方圆。一般男主人在大桌上吃饭，女人小孩在小桌上吃饭；吃饭时大人动筷子，小孩子才能动筷子，不能砸吧嘴；男主人一日三餐标准较高，女人孩子不能妄言；家中不允许大声喧哗，走路要小心翼翼；要求站有站样，坐有坐样；每天看到长辈要早、晚请安，稍有不慎，板子伺候。学习不好的是用红木戒尺打手心，恒富、恒贵、恒华经常难逃祖父的严苛。父亲恒峯是兄弟们学习的榜样。

祖父是见过世面，有大智慧的人。他为了更好地培养长子，

孙家祖宅民国土地收据

13

不吝钱财，将其送入了洋学堂——扬州中学读书。那时的孩子能上私塾就很不错了，而去上洋学堂的孩子，更是屈指可数。父亲勤奋好学，成绩优异，在洋学堂也名列前茅。洋学堂要学现代知识，学数理化，而且还有音乐课。这些灌输，进一步开阔了父亲的眼界，了解了外面的世界。当他每次回家汇报学习成绩时，鲜有笑容的祖父，也会露出浅浅的微笑。父严母慈的氛围，激励着父亲更加发奋。

小秦淮河，河水静静地流淌……

20 世纪 30 年代，日本军国主义对中国发起了侵略战争。1931 年的九一八事变，日本侵占了东三省。1937 年的"七七"卢沟桥事变。日本开始全面侵华。同时一场反侵略的抗日战争，也随即爆发。

1937 年 12 月 14 日，扬州城沦陷。曾经的扬州，也是一个英雄的城市。明末清初，史可法带领扬州人民，抗击清

祖父祖母画像（表兄汪培生作品）

兵的入侵。城破而被屠城，留下了惨绝的《扬州十日记》。

同一时期，不远处的民国都城——南京，城破后留下了"南京大屠杀"惨案。

此时，大先生、二先生的私塾学堂也举步维艰。在民族存亡之际，有民族自尊心的国人，燃起了复仇的火焰。看似雅儒的大先生、二先生，为了民族大义和保家卫国，送出初长大的四个男丁中的两个弃学从戎。在战争年代，谁愿意送自己的子孙去战火纷飞的战场？以教书育人为己任的孙书房，做到了自己能做的最高境界。

我的父亲孙恒峯，是从戎的两个孙家男丁中的一个，另一个是大先生家的孙恒贵。当时我的父亲是 18 岁，孙恒贵尚不到 18 岁。18 岁成人，现代有成人礼，孙家的子孙，走向战场是最好的成人礼。有战场的硝烟、枪炮声为他们壮行。国难当头，男儿当挺身而出，保家卫国，这是一个饱读诗书之家，所做出的最好的诠释。

"孙寓"书房，在扬州被日本占领后，送子从军。这事没有渲染，也不能对外说，毕竟扬州已经是日占区了。他们加入国民革命军第 73 军，成了一名热血军人。尽管两位母亲离别时泣不成声，为这生死两茫茫的一片前程，痛哭断肠。但在民族大义的面前、保家卫国信念的驱使下，孙恒峯、孙恒贵还是义

扬州城老照片

无反顾地走了。

父亲的成长故事，在我们子女的成长过程中，他从未提及。到现在我也不知道国民革命军第73军那时的动态，虽然中、日军队的对抗，其力度、强度及残酷度，资料已经披露很多。军人的担当，就是以服从命令为天职，置生死于度外。成人的第一课，就是在战火纷飞的战场。这样的履历，是令人骄傲的。但这对人的考验，是刻骨铭心的。

在当时的部队中，父亲也算是一个有文化的人。冷兵器的时代已经过去，部队需要更多的人才。那时各种军校来部队招生，都要有文化考试。作为优秀的孙书房的子弟，不多久父亲就脱颖而出，考取了中央陆军军医学校。年轻的父亲，由正面的战场，

陆军军医学校毕业纪念

转向了战地的救死扶伤。从此，父亲手中的枪，换成了手上的手术刀。

　　中央陆军军医学校是旧中国唯一的军医大学，也是当时全国设备最好、师资力量最强的医科大学。它创办于1902年袁世凯天津小站练兵时，称"北洋军医学堂"。1911年辛亥革命后定为"陆军军医学校"，1917年迁往北京。九一八事变后，1933年迁到南京，明确隶属于国民政府军政部直接管辖，全称"中央陆军军医学校"，并设有广州分校和广西分校。1937年七七事变爆发，南京的校本部迁往广州分校。1938年因为日本侵略战争的扩大，南京校本部和广州分校一并迁入贵州安顺。抗日

战争胜利后，1946 年军医学校从安顺迁往上海，改名"国防医学院"。

中央陆军军医学校，挂名校长是蒋介石，抗战时期学生授上尉军衔。军医学校在安顺时，以广东、湖南、山东的学生居多，学制五年。学生前半年每月发七块五，除去六元生活费，剩一块五买日常生活用品。半年军训后转入实习，发十四块五，每年发一套棉衣、两套单衣、一双皮鞋。毕业证书上，除盖有中央政府军政部的大印外，下面还有军政部长何应钦和蒋中正的大名并盖印鉴。每届毕业生，成绩前五名留校，前三名奖有鞘上刻有"蒋中正赠"的一把 30 多公分的短剑。学生们幽默地说，这是总裁用来激励"不成功便成仁"的。

父亲学成后，被分配至赫赫有名的国民党王牌军——整编74 师，师长张灵甫为陆军中将。这支部队抗战中打了不少胜仗。跟随着这样的一支部队，父亲一直处于战争的状态。音讯时有时无，家人的心也始终悬着。作为国民党的五大王牌军之一，74 师是声名显赫的。到了抗战胜利后，74 师全师 3 万余人，全副美式装备。师长张灵甫兼任南京警备司令，下辖整编 51 旅、57 旅、58 旅。驻扎在南京孝陵卫，拱卫首都，被誉为天下第一师。

抗战胜利后，父亲回扬州省亲。这一别，竟已有 7 年时间。此时的父亲，从军校毕业时的尉官，上升到 74 师的上校军医。

父亲凭自己的努力，及军人的赤胆忠心，成为一名合格的军医。

古语说：自古忠孝不能两全。小秦淮河的水仍然缓缓地流淌，而那个弱冠少年，已成了国家的栋梁。父亲一身戎装，英姿飒爽地站在父母身边。他着校官服，头顶大檐帽，脚蹬乌黑贼亮的皮鞋，腰挎小手枪。他的这次亮相引起了小秦淮河两岸不小的轰动，很多老人都还记得那一幕。

直至20世纪80年代初，我在扬州某厂医务室工作。某天，来了一位自称是父亲小秦淮河岸边上的邻居（后来得知来人乃孙家世交尤家后人），才对我讲述了这一幕情景。那个特定的年代如果被单位知道，可不得了，当时吓得我够呛。好在是现在，对参加过抗战的老兵，国家给予了正面的解读。在国难当头的时刻，国民党的军队也进行了顽强的抵抗。历史的真面貌得到了澄清，但父亲没有等到这一天。

小秦淮河，河水时而混浊，时而清澈，依然静静地流淌……

短暂的和平局面结束了。1946 年 6 月，蒋介石终于走到了人民的对立面，大举进攻山东共产党解放区。国共关系全面破裂，中国陷入了内战。1946 年 6 月至 1949 年 9 月中国人民解放军在中国共产党的领导下，为推翻国民党统治，解放全中国，展开了艰苦卓绝的解放战争。在这场改变中国命运的革命战争中，共产党最终战胜国民党，取得了中国革命的最后胜利。

在解放战争中，两军对垒。国共双方投入的兵力和军备资源史无前例，展开了一场场旷世大战。我读过汉高祖刘邦的大风歌：风萧萧兮易水寒，壮士一去兮不复还……众多战场上百万人拼杀的惨烈经典战例，被载入了史册。其中一场孟良崮战役进行于 1947 年 5 月 13 日至 5 月 16 日，国民党的整编王牌

父亲

军——74师，被全歼于孟良崮，师长张灵甫"不成功便成仁"自杀身亡。孟良崮战役成为中国近现代史上最惨烈也最知名的战斗之一。

记得儿时有一部电影《红日》，就是描述孟良崮战役的。只不过当时不知晓这场战役竟和父亲的命运休戚相关。父亲亲历了这场战争，并在这场战役中投诚中国人民解放军，走上了他人生新的道路。多年以后，父亲的历史被公开，我们才知道父亲有过这样一段经历。长我九岁的堂兄孙斌，看了当时的电影《红日》，听他父亲孙恒贵谈起，堂房大大就是原74师的，曾参加了这场战役。他特地骑自行车，到父亲下放的江都砖桥镇，向我父亲求证。父亲如实地告诉了他，因此这段陈年往事，才浮出了水面。

走上革命道路后，父亲为了洗心革面和过去告别，改名孙甦（苏醒，死而复生的意思）。随着全国解放的脚步，父亲跟随解放军参加了沙土集战役、济南战役、淮海战役和渡江战役。其中的淮海战役是解放战争三大战役之一。1948 年 11 月 6 日至 1949 年 1 月 10 日，两军逐鹿中原，在淮海平原摆下了大决战的战场。对垒兵力为：解放军六十万人，国民党八十万人。此次战役的胜利，是标志着我军由战略防御转入战略进攻的转折点，是历史上以少胜多的经典战役之最，也被称为中外战争史上的奇迹。中原逐鹿，历史上非大战莫属，战争的惨烈程度可想而知。

全国解放后，1949 年 11 月 1 日至 1949 年 12 月 27 日，父亲又跟随刘邓大军挺进祖国大西南，参加了历时 57 天的西南战役。1950 年 10 月 8 日，毛泽东主席代表中央军委命令中国人民志愿军赴朝鲜参战，父亲又跟随部队赴朝鲜参加了抗美援朝。这场震惊世界的战争历时 3 年余。有资料记录，中国人民志愿军在抗美援朝战争中壮烈牺牲和光荣负伤者共 36 万余人，非战斗伤亡 41 万，其中有 14 万人长眠在异国他乡。曾记否，我们中学语文课本有一名篇《谁是最可爱的人》，是作者魏巍从朝鲜战场归来后所著的报告文学，最先于 1951 年 4 月 11 日在《人

淮海战役

解放华中南

解放西南

朝鲜战争和平纪念章

西南进军立功证

立功证正面和反面

立功证一至四页

我兵直征出部野呢医务股
續駐同志在渡江南征中
為解放全中國將革命進行
到底辛勤艱苦積極工作建
大眾評定記功一次這是
革命歷史中的無尚光榮特

發此證以資紀念望繼續努
力為澈底解放全中國建立
新民主主義的新中國而功
上加功
二野四兵直
委會
四九年 月 日

渡江南征立功证

民日报》刊登。后入选中学课本，影响了数代中国人。从此之后，解放军广泛地被人们亲切地称为"最可爱的人"。

此时，我的脑海里再现了中学时期那堂生动的语文课的情景和这篇撞击心灵的课文。清代文人张潮在《幽梦影》著作中论读书的三重境界："少年读书，如隙中窥月；中年读书，如庭中望月；老年读书，如台上玩月。"同样是一轮明月，由于少、中、老人生阅历不同，"隙、庭、台"观月地点有别，"窥、望、玩"赏月方式各异，所看到的情景和收获就大相径庭。而今，我再次阅读魏巍的这篇文章，心境和感悟与那时截然不同。

经历了上述战争的父亲，同时也是中央陆军军医学校的大学生，对希波克拉底的誓言进行过宣誓。他本着尊重生命、救死扶伤、医者仁心的理念，以高超的医疗技术水平，活跃在前沿阵地的救护队、野战医院，救人无数。他见惯了死亡，习惯了受伤，战争是残酷的，也是血腥的。父亲很多次是从死人堆里爬出来的，真可谓九死一生！

又是一个7年，家里没有了父亲的音讯。孟良崮战役结束后，当时的国民政府，下发了阵亡通知书及抚恤金。家人们很长时间都沉浸在无限的悲痛之中。如果说，父亲在抗日的战场上牺牲，家人和家族虽仍悲痛，但无疑有一份自豪。而在内战时战死，则搞得不明不白，令人心寒。

笔触至此，女儿不禁潸然泪下……此刻，周遭寂静，我试图与父亲隔空对话，揣摩父亲当时的心路历程。我想，正因为如此，父亲从孟良崮战场上活了下来，投身于中国人民解放军队伍，并没有通知家人。

　　直至 1953 年 12 月，父亲才从朝鲜战场回到北京，1954 年 1 月，安置在国防部军委疗养院工作。此时，父亲才和家里取得联系。在这漫长的 7 年里，父亲与家人音讯不通，生死两茫茫。他独自承受生与死的考验和远离家人的痛楚，这是需要何等钢铁般的意志？想必父亲，一是基于当时仍是在国民党政府统治下，害怕连累家人；二是对自己面对的残酷战争，是否能活着回来，没有信心。他跟随解放军部队打完了国内的解放战争，又很快转战到朝鲜战争的战场。父亲的命可真硬，竟侥幸从两个战争的若干战场中活了下来。他一边做教员，一边指挥战场抢救伤员。多次冒着枪林弹雨，救死扶伤，屡建战功并荣获多枚军功章。父亲的功劳证和沉甸甸的军功章，真正是热血铸就！

　　我的堂兄孙斌 1947 年出生，1954 年时七岁，已经记事。他清楚地记得那年在小虹桥 2 号，收到我父亲家信时的情形，真是悲喜两重天。已经年迈的祖父母，面对这石破天惊的喜讯，忍不住相拥而泣。消息很快传遍了小秦淮河两岸，人们无不称

之为奇迹。亲人们也奔走相告，额手相庆，喜极而泣。父亲的命运转圜，是人生的一场悲喜剧。这样的父亲，该是有多么强大的内心？

　　小虹桥孙书房在全国解放后生源逐步减少，被迫歇业。孙寓顷刻间陷入生存危机，长房大先生本人及老伴，久病后先后离世。第三代的老大孙恒富，凭着私塾文化底蕴和打得一手好算盘，谋得了一小职员差事。后娶得一位漂亮、聪明、能干的女子为妻，育有一子二女。老二孙恒贵，1939 年参加了国民革命军第 73 军，在时任后勤处处长李佩芳，人称李四爷（清末名将李长乐的第四代后人，也是我祖父的拜把兄弟）身边当勤务兵，后官至上尉军衔。李四爷看堂叔聪明伶俐，有私塾文化，忠实可靠，便收为心腹。曾多次委派他去武汉，办理军需物品兼做些赚钱的生意。武汉素有"九省通衢"的美誉，长江航运在武汉对外交通的历史发展中扮演着重要的角色，曾经被冠以"黄金水道"。近代，这里靠着兴旺发达的港口码头，聚集了大量的军用物资和民用物资，利益的驱动也聚集了天南地北的各色人等。代表着国民军 73 军的上尉军官孙恒贵，多次受命提调军需物资兼做些赚钱的生意，利润收入均落入国民党高官囊中。

　　其时，在武汉做生意的一位同僚，看中了孙恒贵的稳重踏实，

29

聪明能干，将自己的妹妹介绍给了他。不日，孙恒贵抱得美人归，一时传为佳话。孙恒贵老婆出身于武汉大户人家，有小姐脾气，不会做家务。好在堂叔懂得谦让，日子过得也还幸福和美。他们育有三男二女。1949年后，国民党在解放战争中节节败退，从南京陆续辗转迁徙，最后逃亡到了台湾岛。其间，孙恒贵的母亲病危，其休假探母一月有余，在此期间部队开拔去了台湾。一个差池，孙恒贵侥幸逃过与家人天各一方的命运。新中国成立后，堂叔隐瞒了在国民党部队的这段经历，只说是在武汉做生意。他曾在小虹桥张家镇平诊所帮忙，后在夏家天明玻璃店当会计，直至公私合营，在扬州五金公司担任总账会计一职。

父亲的姐姐孙淑贞，长相清丽，温婉贤淑。早年嫁入东关街汪姓人家。育有一子，即表兄汪培生。新中国成立前夕，姑父随国民党政府去了台湾。丢下姑姑孤儿寡母、凄苦一生。姑姑受父母熏陶，有文化，会女红，为了谋生去了上海缝纫厂做了女工。父亲的弟弟孙恒华于1929年11月24日出生，从小在孙书房读书，聪明、机灵，情商极高，动手能力强。1947年5月，国民政府送达了父亲的"阵亡通知书"和抚恤金，"噩耗"传来，双亲陆续病倒。刚18岁的叔叔孙恒华，义不容辞地担负起了家庭的重担。他学过裁缝手艺，告别了家人去上海谋生。不承想，

他在途中遇到国民党征兵。

孙恒华的命运和两位兄长有着惊人的相似，18岁的成人礼是在战场的枪炮声中和硝烟下完成的，只是战争的属性千差万别。被迫参加内战，叔叔孙恒华内心是抵触的，也是不得已的。他在国民党部队不到两年的时间，经历过多次战斗，死亡的空气弥漫在战场的上空，死神多次与他擦肩而过。他亲眼见到了战场上数以百计的人瞬间伤亡，这是让任何人都会感到恐惧的。他在伺机逃亡，并付诸实施。有一次机会来了，他们部队的船在河水中行走，遭遇岸边的解放军袭击。子弹嗖嗖地射来，打到船帮上当当地响，部队已乱成一团。机会稍纵即逝，在小秦淮河边上长大的孙恒华凭着一身好水性，趁乱跃入水中。孙恒华终于活着逃了回来，算是又捡了一条命。

此时，是全国解放前夕，孙恒华把这段往事，尘封了起来（直至晚年才告诉了儿子孙仲文）。他回到扬州后，对外称一直在上海摆台缝纫机做裁缝。后来他在扬州某服装厂做工，娶郊区汤汪乡一女子为妻，婚后全家乔迁上海。叔叔在上海纺织机械二厂保卫科工作，婶婶在上海元丰毛纺厂当工人。他们育有一儿一女，家庭生活幸福美满。

父亲命运多舛、历经苦难。但终归峰回路转，在经历了抗日战争、解放战争、朝鲜战争后，全须全尾儿活着，34岁才结婚成家。父亲于 1954 年 1 月在北京国防部军委疗养院，经组织介绍与在同单位的护士（即我母亲）结婚组成了家庭，父亲比母亲大 11 岁。

　　小秦淮河，河水奔流得欢快了起来……

四

西关大屋模型

广州西关

　　命运是奇特的，都说千里姻缘一线牵。一位在珠江边长大的广州西关名门望族的女子和一位古城扬州小秦淮河边上长大的男子，因共同走上一条革命道路而结下了情缘，也是冥冥中的一种契合。那一刻父亲母亲在北京国防部军委疗养院不期而

外祖母

外祖父

34

遇。命运的造化，成就了他们，也成就了我们子女。我时常感叹：没有父亲母亲的聚合，我不知在天际哪儿游荡？父亲母亲孕育了生命，血脉得以延续，我们兄妹三人有幸来到尘世，品尝到了人间烟火和世间百态。

孙恒峯这一家子，走上了幸运之路。此时的我，幸运地分享着生命的快乐。写了父系家族在波澜壮阔的历史进程中，一连串命运的起承转合，承载着一个家庭的故事。使得这个家庭不至于丢失，并一步步地站立在一个蓝天下，为社会尽一份职责和义务。由此，也要写一下我母系的根源，他们的形态构成，及附属于他们的一大串故事。这样的一种亲情，犹如手心手背。触碰了一边，另一边也会有深深的感知。

母亲赵展鸿，于 1932 年 9 月 29 日在广州出生。她的祖父是广州大户人家，娶了八房太太。大太太出身名门望族，是个缠足小脚女人；二太太（我曾外祖母）是学生出身，有文化，人长得漂亮。大太太没有生育，二太太生了二男二女。我外祖父是二太太生的孩子，是赵家长子。曾外祖父准备娶第三房太太时，二太太提出和曾外祖父签订一份协议。协议内容大致是：要保证她的孩子受到最好的教育，保证她的孩子优先继承祖业。在当时三十年代前后，新生妇女敢于向封建礼教发出声音，觉醒、维权，实属不多见。

外祖父、外祖母合影

曾外祖母的这次敢于向旧礼教的挑战，取得了胜利，曾外祖父在娶三太太进门前，签订了这份二太太的维权协议。后，三太太生一子。再后，曾外祖父接二连三地娶进了四房、五房、六房、七房乃至八房。彼时，在西关赵家有八处房子，八房妻妾。大房、四房、五房、六房、七房均无子嗣，八房太太生有一女，曾外祖父虽娶妻妾众多，子嗣却稀少，只得了三子三女。二太太（我曾外祖母）生育二子二女，有：外公赵廷燊，叔公赵廷鏂，大姑婆，二姑婆。曾外祖母母凭子贵，在赵府有很高的地位。除了她之外七姨太也特别受宠。听大姨妈说，七姨太长得特别漂亮，生活奢侈，倚仗着曾外祖父宠着她，衣服只穿一次就不

外祖母

外祖父

要了。她与二姨太（我曾外祖母）交好，不要的衣服都送给她。这些尚好的衣服二姨太也穿不了，就改了给孩子们穿。西关赵府演绎着许许多多的豪门故事，这里不一一赘述。

赵家长子赵廷燊（我外祖父），长得像母亲，仪表堂堂，从小受到了良好的教育。早在1909年（宣统元年），广州绅士40余人，筹募资金创办了广东公立医学堂，其中就有曾外祖父赵秀石，奠定了广州新医学的基础。初期租十三里甫一民房做校舍，招回原华南医学堂学生就读。次年春，购置长堤天海楼，

建立公医医院。1915 年改为广东公立医科专门学校,学制四年,后改为五年。1921 年 8 月,该校一度改名为公医医科大学,学制改为六年。1925 年,改名为广东公立医科大学,学制为六年。1926 年,广东公立医科大学合并入中山大学。

因曾外祖父是广东公立医科大学董事,培养长子读了医科大学。品学兼优的外祖父 6 年医科大学毕业后,成为一名医术高明的西医。外祖父毕业后,被选入中国近代最著名的一所军事学校——黄埔军校当医生。黄埔军校从狭义上讲,应是 1924 年至 1936 年,国民党在广东黄埔区长洲岛兴办的一所学校。

外祖父赵廷燊是家中的长子、宠儿,长大成年后接受了新的思想理念。他接受了高等教育,对旧时的封建家庭,及一夫多妻的现状深恶痛绝。他立志只娶一位妻子,摒弃了家中妻妾成群的陋习。他娶到了一位美国华侨的女儿为妻,成就了一段佳话。外祖母知书达理,长得优雅漂亮,蕙质兰心,温柔贤淑,与外公伉俪情深。

1930 年后,外祖父退出黄埔军校。他走向社会,独自行医,悬壶济世。曾外祖父寓居广州西关,此地明清时地处南海县管辖,是广州城西门外一带地方的统称。过去西关由南海县县政府直辖,今日位于荔湾区。它北接龙津路,南濒珠江,东至人民路,西至荔枝湾。西关分上西关和下西关,明末兴建十八甫,

外祖父、外祖母合影

开设有十三行。清朝中后期，西关先后兴建了宝华街、逢源街、多宝街。在明清时期，这里是南海县，乃至整个广州的贸易中心。当年这里聚集了许多名门望族、官僚巨贾。这些豪门富商在西关一带兴建了一批当时的豪宅，被称为"西关大屋"。这些老屋具有高大明亮、装饰精美等岭南建筑风格。童谣有云"上九路，下九路，转个弯卜响道"（我想此谣应用粤语来念才有味道）。

西关大屋通常占地面积大，富有西关特色。建筑样式多为中式，基本构造为砖木结构。房屋是三进、三个坡顶，正立面三个开间，大门前有青砖石脚和趟栊，石门套大门。西关大屋的门，装修考究，为家的门面。设矮脚吊扇门（又叫角门）、

外祖父、外祖母合影

趟栊、硬木大门三重门扇。趟栊是一个活动栏栅，用 13 或 15 条坚硬的圆木条（一般为红木或硬木）构成，横向开合后故称趟栊。角门和趟栊有通风和保安的功能，是适应岭南炎热多雨的气候而特别的建筑构件。西关大屋的大门，是用红木或樟木等高级木材制造。厚约 8 厘米，门钮铜环，门脚藏石臼中。门后用横闩扣门，以防盗贼。外祖父家，就是住的西关大屋。室内装修讲究，陈设家具、灯具、条幅、对联、书籍、古董、字画、盆栽、镜台及各种艺术品。家中有名贵的红木家具，精巧木雕花饰，富有地方特色的满洲窗和槛窗，其独特的布局形式具有浓郁的岭南韵味。

外祖父赵廷燊在西关一带，是位颇有名气的西医。他起先在家前厅开西医诊所，后扩大规模在外开了小型医院。在那个风雨飘摇的年代，救民、救国于水火的，除了革命者外，医者也是当仁不让的。行医者最需要的是仁心，对百姓的疾病、疾苦，有痛彻心扉的感受。医者的名，无不是来自百姓的口碑。

　　珠江的水，又在我的眼前流淌了起来……

五

母亲和她的父母及哥哥姐姐们

外祖父、外祖母育有一子三女，我母亲是家中最小的孩子。在这个开明大家庭里，集万千宠爱于一身的是我的大姨妈，一个德才兼备的女子。大姨妈出生之前，曾外祖父找来算命测字先生，为赵家第三代第一个孩子拟名。当时以为是个男婴，拟名为赵鸿钧。谁知外祖母生了个女婴，算命先生看了看女婴的面相，大喊：好！

母亲和她的父亲及哥哥姐姐堂弟们

说这个孩子的面相太好了，特别是鼻子生得好，如果是男孩就更了不起了，称既然是女孩就把起的名字调一下为：赵钧鸿。大姨妈生得特别漂亮，资质聪慧，可以说集中了赵家所有的精华。外祖母两年后又生一女：赵禧鸿；过两年生一子，起名赵永铿；又两年生一女：赵展鸿（我母亲）。

外祖父、外祖母非常重视对子女的教育，为他们挑选了水准最高的学校。比如我大姨妈四岁，就被送至美国人办的幼稚园。20世纪30年代能进幼稚园就读的小朋友，那是少之又少。

母亲和她的哥哥姐姐们

抗日战争爆发后，广州遭到轰炸，学校为了逃避战祸搬至香港。外祖父为了避难和维系子女的学业，举家随学校搬至香港。后来香港也不太平了，太平洋战争爆发后，香港局势紧张，他们又搬回广州。辗转反复后，一家人磕磕碰碰在广州久安。殷实的富家，虽受损还是留有底气的。孩子们都伴着琴声长大。良好的家教及高级学堂的熏陶，孩子们都各有志向。

赵家有女初长成。大姨妈不负众望考取了岭南大学。时年，在南京总统府给副总统当秘书的外祖父一母同胞兄弟赵廷鏐写信给外祖父，建议侄女（赵廷鏐夫妇没有孩子，把侄女当成自己的孩子）放弃岭南大学，选择就读南京金陵女子大学。

南京金陵女子大学是民国第一所女子大学，拥有东方最美丽的校园，蜚声海内外。金陵女大属于小而精的大学，仅有文

母亲

理两个学院，以培养素质高、气质优雅的女性著称。金陵女子
大学校训：厚生。叔公赵廷鏐的理解，金陵女子大学是为现时
达官贵人培养太太的学校。外公赵廷燊听从了胞弟赵廷鏐的建
议，让大姨妈到南京就读金陵女子大学。赵家大小姐远赴江苏
南京读大学，家里为她配了一位保姆，租房住在学校旁边。保
姆除了照顾这位大小姐的起居外，还要每天做粤菜送到学校，
让大小姐天天能吃到家乡菜。

　　金陵女大从 1919 年到 1951 年，毕业人数为 999 人，人称
999 朵玫瑰。这 999 朵玫瑰的家庭背景非富即贵，其中有民国名
将、兼广州司令长官张发奎的女儿。张发奎的女儿往返广州、
南京时，都是军用飞机接送。大姨妈与其私交甚好，每次回家、
返校，都跟着乘坐军用飞机。金陵女大的毕业生在很多领域大
放异彩。如今，年届九十有四的大姨妈常住香港，是香港著名

我和大姨妈

大姨妈

大姨妈金陵女子大学留影

的幼儿教育家，获得终身成就奖。2019 年，获得香港第四届十大杰出长者荣誉。她还曾获颁授英女皇荣誉勋章及香港特别行政区政府铜紫荆星章；又曾获中国福利会颁授第十五届宋庆龄樟树奖等。

　　二姨妈赵禧鸿从小多才多艺、能歌善舞，钢琴也弹得好。外祖父是个开明的父亲，他希望子女能学医，子承父业，但仍

二姨妈

我和二姨妈

会尊重儿女的选择。二姨妈选择了学财会专业，老年后跟随两个女儿全家定居美国纽约，安享晚年。

舅舅赵永铿是赵家的长房子孙，是口含金钥匙出生的家族继承人。他资质聪慧，长大后不负家族厚望，承父业就读于岭南大学医学院，学习临床医学——外科学。他曾任广东医科大学附属医院皮肤科主任、暨南大学附属第一医院院长兼皮肤科

48

舅舅   舅舅舅妈结婚照

主任。他是我国著名的皮肤科专家，出过许多皮肤科专著，也是我国第一批派往美国研究艾滋病的专家。

　　我的这位舅舅，娶了一位在广州东山寓居的、同一所大学的校花为妻。当时广州素有东山少爷、西关小姐之称，是指在广州东山寓居的华侨、官宦人家的少爷，在西关寓居的名门望族、富商人家的小姐。才华横溢、温文儒雅的舅舅，娶了一位

母亲和家人在一起

赵氏三姐妹和她们的母亲

赵氏三姐妹

门第相当、同一学校、志同道合、貌美如花、多才多艺的校花。他们的联姻，令赵家上下大喜过望，令很多人心生羡慕，交口称赞。婚后舅舅舅妈恩恩爱爱，生育了三个女儿。舅妈因生的第一位千金赵嘉美，继承了赵家几代人的风华，母凭女贵，和

当年的大姨妈一样集万千宠爱于一身。这个舅妈少奶奶的位置，坐得稳稳当当，家里人都敬她几分。

舅舅、舅妈1954年毕业于岭南大学医学院。毕业以后，他们响应国家号召分配到昆明工作。1970年，舅舅调入湛江医学院皮肤科工作，舅妈也伴随其左右，在湛江医学院附属医院工作。他们的三个女儿，有两个在昆明出生，一个在广州出生，其中的两个女儿托付给了孩子的祖父祖母，在广州老宅生活。最小的女儿则一直伴随舅舅、舅妈左右。直至20世纪80年代，舅舅、舅妈双双调回广州，全家才得以团圆。

在我的记忆中，舅舅是我们最亲近的人。当年我们全家在北京，舅舅是孙家、赵家第一个来看我们的人。我还记得第一次见到温文尔雅的舅舅的情景，他对我们特别和蔼，极有耐心。在他逗留北京期间，我们一起驻足北京颐和园，在昆明湖、万寿山留下了许多珍贵的合影。我们搬到扬州定居后，舅舅曾数次到江苏泰州中国皮肤病研究所出差，顺道来看我们。他是搞皮肤病研究的，有一台彩色胶卷照相机，在那个年代这是个稀罕物。他用这台照相机在扬州瘦西湖五亭桥、白塔、钓鱼台为我们留下了珍贵的瞬间。都说娘舅为大，我深以为然。

1981年，美国率先发现了艾滋病。四年后，艾滋病登陆中国。1985年，一位到中国旅游的外籍人士入住北京协和医院后很快死亡，后被证实死于艾滋病。这是我国第一次发现艾滋病的病例，此病的蔓延影响很大。1989 年，舅舅赵永铿是我国第一批派往美国研究艾滋病的专家。旅美专家学者的生活是枯燥无味的，连年的学术临床研究使他无暇顾及远在大洋彼岸的广州亲人。好在那时得宠的大女儿嘉美在爷爷的干预下，通过在香港大姨妈的担保和资助，已到美国读大学。

嘉美和我同岁，那个年代能到美国读书的人甚少。二表妹嘉敏也在活动去美国，舅妈为最喜欢的小女儿嘉乐，请了一位英语老师到家里来补习，也准备跨出国门，赴美国读书。一家人翘首以盼到美国团聚的愿望即将达成，怎知舅舅、舅妈长期分居两地，曾经恩恩爱爱的夫妻，感情上产生了难以愈合的间隙，并不顾家人的反对，劳燕分飞。

正当家人为此事扼腕叹息时，舅舅这时在美国遇到当年同校的另一名校花——孙医生。彼此交流后才得知，孙医生在桃李年华爱慕舅舅，一生只恋着舅舅，终身未嫁。她很早来到美国，早期在美国教会医院工作，后来在美国西海岸美军基地当过医生。孙医生这一生只等待着一个男人，时隔多年后，在美国西海岸城市终于等到了他。顺其自然，1993 年，舅舅和孙医生在美国教堂步入了婚姻的殿堂，这时他们已到了耳顺之年。

我和孙医生有过一面之缘，那是 1996 年。那年，香港大姨

大姨妈获香港政府表彰　　　　1996年赴香港参加大姨妈被授予博士学位活动典礼，图为：
　　　　　　　　　　　　　　　赵家四兄妹与姑妈

妈获得美国某大学授予博士学位，我有幸被邀请到香港参加本次庆典活动。舅舅和孙医生从美国赶来香港，在大姨妈家我看见了这位传说中的女子。孙医生素面朝天，衣着十分朴素。这份装扮和化着精致的妆容、穿着靓丽气派的大姨妈形成了鲜明的对比。她生得温婉，脸上似乎流露着一种古典和现代不动声色融合的美。只是深邃的大眼睛已失去了往日的光华，淡淡的目光里似乎掺杂着一丝忧伤。我一直对孙医生心生好奇，虽说我已知晓她的故事，可这一刻她的形象和神态，让我为之一怔，半天缓不过神来。2016年9月，舅舅在美国加州辞世。孙医生一生无子嗣，她把爱洒向了舅舅的女儿们。令人欣喜的是，我们的两位舅妈，也得以重逢。她们原本就是好同学、好姐妹，

左起三表妹夫、舅舅、母亲、大姨妈、孙医生、二姨妈、作者、表妹嘉乐

晚年相互包容，消除了嫌隙。现在她们俩在美国相互依偎，安享晚年。我从她们身上感受和体悟到了中华民族的传统美德——人心向善。

母亲赵展鸿是家里最小的孩子。她活泼可爱，天性纯良，从小受到了良好的教育，长大后受外公影响，1948年至1949年就读于广州光华护士学校。1949年12月，原本可以在家过着小姐式安逸生活的母亲，做出了一个惊人之举：从戎入伍，成为一名中国人民解放军二野军政大学四分校的学员。第二野战军军政大学及其分校，诞生于解放战争全面大反攻，彻底摧毁国

母亲和外祖母

民党统治的硝烟中。为部队今后正规化、现代化储备人才，二野四兵团从江西挥师广州后，即在报纸上刊登广告，招募爱国优秀知识青年。经过考评有1431名青年被正式录取，大多数都是广州学员。年仅17岁的母亲，就是那些热血青年中的一名医训队学员。学校从佛山出发最后到达昆明，跨越粤、桂、贵、滇，边行军边学习理论、军事知识。

一路步行军，历时88天，行程3500里。到昆明后学习两个月，即奔赴作战部队。这是一条饱含革命热情的行军路线，也是一条充满艰辛的革命之路。曾有记录，四大队在行军途中有两人牺牲，一人病逝，三人失踪。二野军政大学四分校四大队，在昆明毕业的学员有991名，基本都是广州兵。他们从那时起，就踏上人生的一个又一个新里程。1950年7月军政大学毕业后，母亲随刘伯承、邓小平的部队挺进西南，先后在二野四兵团云南军区一分院、三分院工作，后转入东北军区34陆军医院一分院工作，曾担任学员、见习护士、护士。1953年1月至1953年12月参加抗美援朝，在志愿军334联队5分部一分院任护士。1954年1月母亲从朝鲜战场撤回北京，在国防部军委疗养院工作，后在国防部总参第三门诊部工作。就在这一刻，父亲和母亲相遇了。

　　小秦淮河水，珠江水，汇到了一起……

六

小西天

　　父母的婚姻是组织上安排的。大概是因为父亲的历史有问题，母亲的出身有问题并有海外关系。这样的安排，组织上认为既通情达理，又合情合理。面对组织的撮合，父亲母亲跨越了年龄的差距和南北地理文化、生活的差异。母亲爱慕父亲的才华和人品，父亲爱慕母亲的清纯和善良，这就顺理成章，

父亲、母亲

喜结连理。婚后的日子，两人过得倒也幸福和美。他们的婚姻是组织充当红娘的一个典型事例，在当时那个年代屡见不鲜。

1954 年 11 月 9 日，中华人民共和国国防部颁发了《中国人民解放军薪金、津贴暂行办法》。从 1955 年 1 月起，全军干部由供给制改为薪金制，士兵实行供给制，另发津贴费。孝顺的父亲从拿薪金开始，每月给家乡年迈的父母寄人民币 60 元。1956 年，父亲和母亲调至总参第三门诊部工作，父亲任总参第三门诊部副主任，母亲在手术室当护士。

父亲、母亲，哥哥

　　1955 年 1 月，哥哥在北京协和医院出生。父亲中年得子，喜不自禁，喜讯即刻传到了家乡扬州小秦淮河。母亲生哥哥那年，战友们一共有五家生孩子。按顺序排行，哥哥老三，叫小三子，至今哥哥的小名仍叫小三子。我于 1956 年 3 月，在北京 301 医院出生。母亲由于连生两个孩子，没有奶水，于是请了奶妈、保姆照顾我们。哥哥取名孙京扬，我取名孙景扬。我在北京小西天总参大院生活了 7 年。

　　总参小西天部队大院建于 1956 年。小西天是地名。最早当地有一座庙宇称"小西天"，里面供了西方三圣，即阿弥陀佛、观音菩萨和大势至菩萨。又因为地理环境比较偏僻，交通不便，所以庙里没有常住僧侣。小庙周围地域空旷，人烟稀少，故人们将这一带通称为"小西天"。最早的大院门牌号是小西天 1 号，

母亲和我 我和保姆 我和哥哥

后来改成北京海淀区新外大街23号。大院坐西朝东，有两个大门。一个大门走人，另一个大门走车。门口都设置现役军人站岗，出入大院的人要有部队机关印制的《出入证》，外人进大院会客必须到传达室登记。

从大院门向里望去，大院里环境干净整洁。一条笔直的马路向西伸展，两边是清一色的灰色大楼。在50年代，整个大院修建了十几座大楼，统一青砖灰瓦，木制的玻璃窗，这也是当时较为新式的建筑形式。这些又高又大的楼房，有的做办公楼，有的做宿舍楼。由于那时候我年龄还小，对办公楼的总体格局不是很清楚。依稀记得办公楼下有两个大食堂，机关干部可以在这里吃饭和打饭。大院里除了办公楼，多数还是宿舍楼。我记得我家住十二号楼一楼，家里窗外是总参大院幼儿园。大院

里每天都能听到战士们高亢激昂的口号声和唱歌声，是一个典型的部队大院景象和氛围。院内有勤务和警卫战士，维护和保卫着大院的秩序和安全，给孩子们一种敬畏感和神秘感。

当年的小西天总参大院是部队大院的代名词。该大院很有名气，东城、西城、海淀、朝阳人都知道，可谓家喻户晓，妇孺皆知。因为里面住的都是总字头的部队单位和军人家属。其中有总政文工团（含话剧团和歌舞团）、总参管理局、总参政治部、军事法院、军事检察院、武装力量监察部、防化兵部、总字752部队（总参二部某研究所）、总参管理局第三门诊部。

那时候的总参管理局大概有六个门诊部，根据总部机关的分布情况，负责对部队干部和家属患病做初步诊断和治疗。总参第一门诊部在西城区厂桥附近，第二门诊部在张自忠路2号，第三门诊部在小西天大院，第四门诊部在总政黄寺大院，第五门诊部在花园路，第六门诊部在地安门部队大院。这六个门诊部都属于总参管理局卫生处管辖。管理局是军级单位，卫生处是师级单位，门诊部是团级单位。大院的十三号楼是门诊部办公楼，十二号楼是家属楼。门诊部有内科、外科、眼科、耳鼻喉科、口腔科、理疗科，还有小儿科、外科手术室、病案科、化验室、透视室、药房等。

那时候的小西天大院，有一所幼儿园和一所小学。它们的

我和哥哥在总参大院幼儿园　　　　　　　　　　　我在总参大院幼儿园双杠上

生源，都是大院部队干部子女或者部队职工子女。我和哥哥在小西天大院幼儿园上了两年日托幼儿园，年龄稍大一点就被送至总政永祥寺幼儿园上全托。上全托时，父母将我们的衣服、裤子、袜子、毛巾上都用针线缝上我们的名字，每周坐班车回家一次。记得我有一次生病，被幼儿园阿姨与小朋友隔离开来。这一个夜晚，我一个人睡在空荡荡的房间，透着窗户看着天上的星星和月光，孤独感袭来，心中充满了恐惧，分外想念我的爸爸妈妈。现在回想那时，真是可怜兮兮的，但也有一份自豪。我能记住这段经历，是因为这段大院生活，练就了这位小姑娘今后的独立的人生个性。

　　大院的小学叫"星火小学"，取意共产党人的星火燎原。学校开课低、中级班，只有一到四年级。从 1959 年开始，大院子女上高年级就可以走小南门，上南太平庄小学。我当年在大院小学读一年级，哥哥读二年级，做梦都想早日长大出去上学。此时，哥哥孙京扬改名为孙路，我由孙景扬改名为孙宁。

　　小西天部队大院非常特殊，一般部队大院只有一个单位，唯独这个大院有七八个单位，所以大院里部队多、军人多、家属多、子女多。一个部队大院就是一个自成体系的社会，各种各样的服务设施应有尽有。部队大院的文化生活是丰富多彩的，每周都有露天电影，有时还会有一些文艺演出。小西天大院内有一座大礼堂，在大院的东北角，我们在里面看过电影和文艺演出。但印象最深的还是看露天电影。第三门诊部前面有个大操场，在晚上放电影时也就成为露天电影院。看电影不仅是孩子，甚至也是成年人的盛大节日。小西天大院看电影的观众，用人山人海来形容，一点也不过分。部队大院还有一个好处，就是有军车，特别是大卡车。每逢周末和节假日各单位都会组织家属和孩子去郊外游玩，比如八达岭、十三陵、潭柘寺等。因为这些景点离市区很远加之交通不便，所以很少有人去玩，每次出游都得一整天，为了赶路一大早就出发，然后披星戴月才回到家。那时没有高速公路，只能走公路或乡间小道，每次去我们一路上欢声笑语，所到之处都在脑海里留下了深刻的回忆。

　　部队大院相对独立，大院里过年过节还有特供商品。平日里部队大院戒备森严，因而在普通老百姓心中是一个神秘的地方。院内外虽一墙之隔，但环境和待遇悬殊，泾渭分明。大院内的孩子，不知不觉地养成了一种自豪感和优越感，让院外的人羡慕嫉妒恨。部队大院的孩子普遍单纯、没有心机、讲义气，但也特别顽劣。那时，高年级的孩子能自由出入大院，经常和院外孩子打架，打完溜进大院，外面的孩子也追不进来。院内的孩子相互间也不消停，打群架时有发生。独特封闭的环境也培养出了孩子们独特的个性和技能，记得有过这么一个故事，小西天大院西边有个果园，有几个五岁左右的孩子手持弹弓闯了进去，被管理员发现，被指偷果子。孩子们感到很冤枉，辩解说，进来是为了打知了的，果子是在地上捡的。管理员看看眼前几个五岁的毛孩，怎么也不能相信，就指着树上发出蜂鸣声的知了说，你们谁能打下来，我就相信你们。他话音刚落，其中的一位五岁的孩子，弹弓橡皮筋夹块小石子，拉开，射出，不偏不倚打中了那知了，顿时没了声音。管理员输得哑口无言，放了孩子们。孩子们拿着地下捡到的果子，欢天喜地地蹦出了果园。孩子们的故事由此传了出来。诸如此类，举不胜举。

我们在大院里幸福地挥洒童年的欢乐，院外的风土人情知之甚少。好在父母只要是休息日，就带我们浏览北京的名胜景点。那时，中国和苏联友好，总参大院引进了一批苏联专家。后来

母亲、我在北京照相馆留影

两国关系紧张苏联专家撤离，我父亲从准备撤离的苏联专家手中，购买了一台收音机、一台照相机。这两件东西在当时可是个宝贝，有了它们的伴随，我们的生活被注入了许多欢乐。奢侈的照相机，留下了我们一家无数的美好时光。北京城里的故宫，颐和园里的昆明湖、万寿山，还有八达岭长城、十三陵水库等，都留下了我们的笑声和足迹。那岁月，留存在一张张泛黄的老照片中，成为我永恒的记忆。

那时的我，朝夕听惯了大院里的军号声，习惯了每年国庆节在自家窗前观赏国庆礼花，还特别喜爱光顾过的莫斯科餐厅，对那些异域的装饰、美味佳肴，颇为留恋。我每次徜徉在长安

和更生同志在一九五八年
工作中，成績优良，
特发此証，以資奖励。

总参付政経済管理部

父亲母亲的奖状和军功章

母亲的奖状

街上，对身边川流不息的人群，商店里琳琅满目的商品都充满了兴趣；对老皇城新首都的高大建筑，从根上感受到一种新中国的气派。雄伟壮观的天安门上那一面五星红旗一直飘扬在我的心里。出生在北京的我，自以为是北京人，对父亲的家乡——我的根，一无所知。其实自己只是在北京的一隅，和真正的老北京相比则相差甚远。

那时我幼小心灵的感知都来源于大院生活。仅一墙之隔，就阻隔了我和外界的自由接触，幼时能回忆的就只是大院生活了。以至多年后，问起父亲三年困难时期的情况。父亲笑而答曰：当年王震将军的部队受命在新疆打黄羊，使我们免遭了饥饿。尽管对外界知之甚少，幼年凡此种种的美好时光，宛如一颗颗熠熠闪光的珍珠，使人难以割舍。然而，这样的美好时光在不经意中顺着指缝滑落……总参大院的美好时光，定格在我父亲决定转业回家乡那一刻。1963年初春，父亲领着我们，举家回到了他阔别多年的家乡——扬州。

小秦淮河，河水温柔地、轻轻地、慢慢地淌进了我的心里……

七

扬州老街

　　父亲携家回家乡的消息，很快传到了小秦淮河两岸。1949 年解放后，孙书房虽不存在了，但其半辈子的存在，影响了很多人。那时，沿河而居的妇孺每天在河边浣洗、嬉闹，这里也是分享家长里短、传递消息的场所。孙家的悲欢离合的故事，一直吸引着左邻右舍的关注及好奇。少小离家的孙家游子，带着一身的传奇，带

69

着一个完整的家庭回来了。而且是来自京城，相对闭塞的小城民态，孙寓的故事又多了一份谈资。

小虹桥 2 号是祖上老宅，虽破旧了一些，但仍临河而立。一种神秘的气氛笼罩了过去，孙家最杰出男丁的回归，是一个家庭的回归，是放下了戎装的回归。孙大先生两口子已经故去，健在的孙二先生，移居到了女儿家。老宅则由孙大先生的二子孙恒贵看管，看管的意味是老宅的一半是孙二先生的。

当年，我的曾祖带着两个年轻的儿子和一个闺女，从京城来到了扬州。他看好扬州的安逸，有没有对扬州美食的爱好，我不得而知。但扬州从古至今，确实是一个宜居的城市。这是一个大运河畔的城市，素有交南通北的风土人情。千年的运河文化积淀，养成了包容兼济的风物长宜。人生的后半段，早上皮包水，晚上水包皮，成就了一种享乐快活的文化。快活的最后，是一种仙的境界，曾祖父就在这儿避开了战乱，化羽成仙了。

此时，孙寓的一个后生，也带着一个家，从京城回来了。虽与前辈的迁徙是截然不同的，但对于这个家庭来说，也是一种命运的转折。了解一下上世纪 50 年代末及 60 年代初的风云，京城的大撤离，就一目了然了。但问题的本质是，隔代的孙家，都有着先见之明，避开敏感的地域，求得一份生活的安宁，是一个不错的选择。上善若水，书香之家的书没有白读。小秦淮

上排左起表兄汪培生、婶婶、叔叔孙恒华 下排左起母亲、孙仲文、姑妈孙淑贞

河是有灵气的。有不算老的祖屋在，有高堂的双亲在，都是可以依靠的后盾。已过了四十不惑的孙恒峯，做出了这种选择，是明智中的选择。

　　扬州东关街283-1号，是孙二先生现在的住所。这是一个公家的租屋，靠近女儿孙淑贞居住地。此屋坐北朝南三间二厢七架梁，中庭有个小天井。1949年，女婿抛下妻儿，去了东南的那个岛。老两口无奈地搬到此处，与女儿、外孙共同生活在一起。父亲选择了在这儿落脚，显然是他的父母老了，他要尽孝了。20多年的离家，戎马倥偬一生，那是为国。忠孝不能两全，

祖父素描（表兄汪培生作品）

但卸下了戎装，回到父母的膝下，孝就是首选。

在我的记忆里，那日春寒料峭。我们一家，火车、汽车辗转，一路风尘仆仆来到扬州。

到达扬州汽车站已是傍晚时分，一家人分别上了两辆二轮人力黄包车。映入眼帘的是狭窄的马路，两边破旧的房子，透出昏暗的灯光，街上很萧条。街上行人灰头土脸，着装破旧且老式，讲一口我尚听不懂的方言。人力车跑得很快，寒冷的风吹在脸上有些痛楚。一群乞讨的人，跟着我们黄包车跑。此情此景，令我眉头紧锁，眼里充满了疑惑和思虑，和当时的年龄极不相符。

那时的东关街也是一条古老的街，铺着青石板。路面并不

祖母和东关街邻居

平坦，人力车跳跃着驶过。街面上行人稀少，店铺和民居夹杂在一起，路灯的光也有气无力。我的新家坐落在东关街中段，一个不知名小巷子里的第二个门，门牌号是283-1号。房子不算太旧，家中客厅正面陈设，有长条几、八仙桌、太师椅。厅两旁陈设有圈椅、茶几和一张小桌子板凳等等。客厅中央挂有中堂和对联，两壁贴着印刷品杨柳青的年画。

　　当一切落定后，父亲领着我和哥哥，正式第一次面见了祖父、祖母。他们分别端坐在太师椅的两侧，露出慈祥的微笑。我们怯生生地叫过了长辈，第一次感到了一种规矩，挤压了过来。祖父长得清瘦，皮肤白皙，头发有些灰白，一丝不苟地向后梳，棱角分明的脸上有一双凹陷的大眼睛，透着冷峻的目光。

扬州市东关中心小学老照片

他身着一袭藏青色长袍，衣料做工讲究，脚蹬一双皮鞋，颇有仙风道骨之感。最显眼的是他左手桌上放置了一根红木戒尺，保留着他的私塾先生的威仪，抑或是对后代的一种家长的权威。此时，我不由自主地打了个寒战，对老祖宗得保持小心。我再仔细端详祖母：只见祖母生得富态，慈眉善目，头发乌黑发亮，头后盘有发髻，身着中式偏襟大褂子，新奇的是腿上有绑带，足下缠有一双小脚。

另外，这个家还有两位家庭成员。一位是我姑妈孙淑贞的儿子，表兄汪培生，他长我十一岁，中学毕业闲在家里。姑妈含辛茹苦将他养大，将他托付给自己的父母后，孤身一人去了上海打工。表兄在外祖父的调教下，多才多艺。象棋围棋、书法绘画等样样精通。我们回扬州后不久，表兄便去了上海。另一位是家中请的一位保姆，名叫徐有英，甘泉乡人氏。她丈夫

我和小学同学毕业五十周年合影

中学同学集体照

去世得早，家中有一儿一女。徐阿姨为人老实本分，勤劳善良，在我们家生活了十多年。

父亲部队转业被安置到扬州市卫生防疫站，任副站长；母亲被安置到扬州市第一人民医院，在手术室当护士。我和哥哥从北京转学到扬州面临着择校。我们在北京读书时，哥哥是二年级准备升三年级，我是一年级准备升二年级；总参大院的孩子上学都比较早，哥哥年仅八岁，我年仅七岁。鉴于这种情形父亲和教育局领导磋商，结果是为哥哥选择了扬州师范学校附属小学，学制五年，为我选择了扬州东关中心小学，学制六年。

记得那天，父亲单位的一位分管学校卫生的王阿姨，带着我穿过铺着高低不平的青石板路面的巷子，来到了东关中心小学。那是一所老式、破旧的学校，和我希望的大相径庭。我被带到一间空旷、屋顶很高的老师办公室，里面办公桌参差不齐。一位老师拿了一张考卷让我做，完毕后即办理了入学手续。我被老师带到教室时适逢下课前，大家齐刷刷的目光注视着我。小小年纪的我浑身不自在，觉得自己像只猴子被人观赏。那天上的什么课记不清了，很快下课了，响起了叮叮当当的声音。教室里马上活跃了起来，很多同学向我围了过来，用扬州方言热情地问这问那。我一时语塞，不知道说什么好，只是觉得有一股热情围了过来。

新的生活，落差很大的学校，陌生的同学，一切就这样开启了。多年以后，我才知晓，我们这一辈的名字都带一个"文"字。而父亲没有按照宗亲的排序，我弄懂了父亲为我们取名的含义。当我们叫京扬、景扬时，两人都有一个"扬"字，分明是他寄托了一份对家乡的思念。尔后改名"路"与"宁"，他去掉了"京"字，是希望我们未来的路，走得安宁一些。

　　小秦淮河水，随着岁月流转，见证和流淌出了历史……

八

　　安家扬州没多久，春天的气息已经降临大地。小秦淮河下了几场雨，水流得急了些。在春天的快速升温中，不多时两岸已是桃红柳绿。李白诗云：烟花三月下扬州。在古诗词的韵律里，扬州三月的美，吸引了很多游人。城居的生活，比大院生活鲜活多了，也好玩多了。在这样的一个城市，我渐渐地适应了起来。孩子是健忘的，只要有玩伴，有新鲜的吸引，那个大院就远去了。

　　孙二先生家的长子孙恒峯，携家眷回老宅了。对小秦淮河两岸的乡亲来说，还是被当成了一条新闻。又是一次阔别，比1945年更长的阔别，加上一个死而复生的传奇中的人物。小城故事多，充满喜和乐。我们一家人步行，由翠园桥向南不远，就到了小虹桥。走下小虹桥的台阶，看到了小秦淮河的水，一

高祖孙晓峯牌位

高祖孙晓峯原配夫人牌位

路清澈地南去。粗壮的老柳树，长长的、青青的细柳，一直往水里下垂。河边的小码头，浣洗的女人们，站了一码头。

父亲携我们踏入小虹桥那一刻，即被邻里街坊围住了。大家湿润了双眼，上前嘘寒问暖，情真意切。在祖父的引领下，父亲跨进了阔别18年之久的老宅。几个兄弟们，已在老宅等着了，又是一番拥抱，欢度这重逢的时刻。他们相互打量着，面对着渐生的华发，唏嘘不已。尤其是音信杳然，多少个日日夜夜，生死两茫茫，恍如隔世。

祖上堂号映雪堂，是孙氏最主要的堂号之一。"映雪"是指孙武后裔、孙资八世孙孙康，家贫，夜读无烛，乃出庭坐于雪地映雪读书。后来成了大学者，官至御史大夫，实现了自己的抱负，成为世人发愤读书的典范和楷模。孙康后人因此以"映雪"为堂号，堂联：掷金绵世泽，映雪振家声。字辈排行：（隆）

德（宏）进（化）高（明）尚、（基）士建敦厚、（庆）裔（裕）世（昭）克成、光敏家声、懿典炳著、文哲荣增、兴祖存念、永恒长春。映雪堂传承（见左图）。

孙家老宅，保留了祖宗的牌位。那一座座牌位，发出褐黄色的光，令人肃然起敬。我懵懂地看着牌位，聆听着大人的讲解，似是而非地沉默。后经"文革"，我本来以为牌位都没了。但在我写家族史的过程中，发现有心的孙家后人还保留了几座。回想起来，那种仪式，让人沉浸式地感知到家族的兴衰史。香烛点燃后的祭拜，在袅袅上升的烟雾中，使我们完成了认祖归宗的礼仪。

因年代久远，家谱遗失者众多，现存世的家谱多为新中

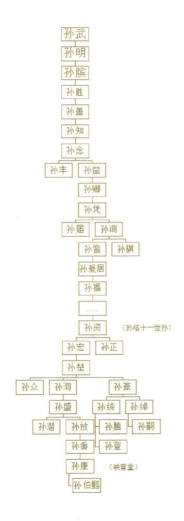

堂叔孙恒贵和夫人李天舜

国成立后重新修订，加之近现代战乱、贫穷或移民人们流离失所，宗亲散落各地。家谱遗失、缺失，到当世字辈后无法按照传承字辈排辈，只得重新编制。故而出现了这种字辈只有一到两辈相同，再续却续不上的现象。按家谱的排立，父亲他们是恒字辈的。而到了我们这一辈，"文革"期就是一个断层。虽说一些乡村在重修家谱，但人的迁徙的自由度，早已分化了大家族的概念。我们这一代，已不名一格。而我们的后人，也不会按照上祖的安排，各自走了自己的路。然而，孙氏映雪堂的后人，这种血缘的感悟，还是存在于我们的内心深处，不知不觉地就成了一个家族的标签。仪式完毕后，男人们一堆，女人们一堆，各自拉起了家常。

同辈的堂兄、姐，带着我和哥哥，不由自主地到了小秦淮河边。观看着京城大院所没有的河景。这是我第一次亲近这河、这水，心里满是一种喜悦。这是我第一次看到小桥流水，我情不自禁地俯身，用手撩拨着河水。清澈的河水在平缓地流淌，清清的，冷冷的。我洗了几次手，玩了几回水，有了一种天生的对水的眷念。

有船筏子过来了，荡开一条波浪。我感到了水的流动，几片落叶掉了下来，随流水也往下游飘去。我想知道水的深浅，就往水里走，但被哥哥、姐姐们拦住了。北方缺水，北方的孩子多是旱鸭子，没有学会游泳。我不知小河的源头在何处。在一处水浅处，我俯身小河，只见岸边河水清澈见底，河中的游鱼、水草、碎石历历在目。小秦淮河，就此给我留下了深刻而美好的印象。

在老宅里，亲戚们也认识了不少。小辈们自不必说，大都是比我大的，也有比我小的。从祖父母往下排，父辈的也在接触中知晓了。孙寓的长房长孙——孙恒富，长得个头不高，皮肤白净，戴一副深度近视眼镜。他为人诚实本分，沉默寡言，在文昌楼旁边坡台上的副食品商店工作。他娶的太太长得漂亮，精明能干，只是脸上略带有一点点浅色的麻子。他们育有一子二女。大妈妈是家庭妇女，生活全靠堂房大大一人支撑。那时是社会主义计划经济、物质生活贫乏的年代，家里有人在副食

堂叔孙恒贵、婶婶和孩子

品商店工作，可谓一件幸事。每逢过年、端午、中秋，恒富大大都给我们送来素油的各类食品。至今，我记忆犹新。

次子孙恒贵长得特别精神，眼睛炯炯有神，是位勤劳踏实，精明强干的人。当年他也是和父亲一起当兵的，也有一段不凡的经历。他现在扬州市五金公司当会计，收入也还可以。他当年娶了一位武汉大家小姐为妻，婶婶长得端庄、斯文，育有三男二女。婶婶既不工作也不会打理家务。好在有大房妯娌帮衬，两房和和气气，安然度日。孙家的子孙天赋都很好。恒贵叔叔家的长子、长女就读新华中学，次女就读扬师附中，他们是全家人的希望和骄傲。孙大先生一族开枝散叶，男丁是成倍上升。

此后的假日，我时常跟着父亲去小虹桥玩。堂哥、堂姐常常带我到处走，这样的一种玩法，比起大院生活，轻松、自由了许多。听家人讲，小虹桥祖辈有"四大家族"，即孙家、对门尤家、近邻夏家和河对面张家。四家几代交好，尤家、夏家、张家的孩子都在孙书房读书。孙家以孙书房名号著称，尤家以开茶叶店成为行业翘楚，夏家依附小秦淮河的水运开了爿木材加工作坊，张家当家人张殿华擅长土木工程，手下工匠有一百多号人，参与了扬州大造辕门桥（指扬州国庆路四岔路口）的建筑。到了父辈尤家"源泰祥""祥大"两爿茶叶店已传入尤二少爷，当时已经公私合营。夏家两兄弟继木材加工作坊后，在南柳巷开了爿"天明"玻璃店，也参加了公私合营。张家两兄弟没有继承父业，都选择了学医。老大张泰国（张镇平）长父亲五岁，曾是孩子王。他在大英药房当学徒多年，当过国民党少校军医，后在小秦淮河边上开设"镇平诊所"，私人诊所被取缔后，在扬州新华中学医务室工作。老二张泰丰学医数年，学成后在上海从事医务工作。他们都是父亲小时候的玩伴，现在又是同行，几家关系本来就不一般，自然亲近了许多。

堂兄弟堂姐们

　　张家祖辈勤劳智慧，亲手砌造了自己的家园。小秦淮河边上就属张家院落最大，房子最好。他们家坐北朝南两进院，院北是一溜附属房，院子南面是跨度百米的大院子，前院后宅联成整体，四边都是道路，几道门相通。大院里种了好多果树和花草，那儿是我们孩子的乐园。我们经常从老宅的对门尤家前门进后门出，至小秦淮河边，跨过小虹桥去张家玩。张镇平医生膝下无子嗣，待孙家、尤家孩子犹如亲人。夏天专门置放茶水盆，供孩子们用茶。树上的果子成熟了，可供我们采摘。在这儿，我们可以无忧无虑地挥洒快乐和自由。兄长们告诉我，忆往昔，祖辈张殿华相当于土木工程师、兼包工头，手下拥有成百工匠，每日包餐在家。大媳妇（张镇平之妻）负责掌管厨房事务，执行家长每十日犒赏两次的规矩。每次犒赏每位工匠"三肥两瘦一骨"（指三块肥肉，两块瘦肉，一块骨头）。开饭是用桶装饭，管够。小秦淮河上空终日飘着诱人的饭菜、肉香味。那时张家厨房规模相当大（后来河边拓宽给拆了一条边）。可以想象一下，当时张家每天人头攒动、人声鼎沸。在这庭院里摆开数十桌，每桌摆满了热气腾腾的饭菜。众人稠坐，狼吞虎咽，大快朵颐，风卷残云。这场景便是在小秦淮河独一份的，一个雇工的大场面。

除了在小虹桥玩，记得有一次堂姐带我去她的学校玩。学校里的秋千引起了我的好奇，那个秋千是大孩子玩的，很高，也很险。堂姐看出了我的心思，带着我荡了秋千，那个高度仿佛腾云驾雾一般。玩是孩子的天性，由此释放的那种心怀，渐渐地我喜欢上了这座城市。亲人多了，亲情也多了，我寻找到了我的快乐。

最吸引我的地方还是小秦淮河边。每每到小虹桥我都要到河边玩一下。记得那年夏天，母亲在百货公司为我买了一双我心仪已久的凉鞋，鞋面是蝴蝶结式的。那时买鞋都是买大一码，寻思着穿两年，穿着有点松。那天，我在河边玩了半晌，满脚泥沙，上岸前穿着鞋洗洗，洗完后抬脚一甩，谁知鞋子飞到了河中央，眼睁睁地落到了水里。我当时就傻眼了，正在码头浣洗的女人们立马叫了起来：快来人，恒峯家姑娘鞋子掉到河里面了。随即有人下到好几米深的河里，帮我把鞋子捞了出来，当鞋子送到我的面前，我还没缓过神来。这是我亲近小秦淮河最有趣的一则故事。

小秦淮河的水，流出的不仅是往事，还有新的故事……

东关街街口老照片

东关街是扬州城里最具有代表性的一条历史老街。它东至古运河边，西至国庆路，全长1122米。东关街以前不仅是扬州水陆交通要道，而且是商业、手工业和宗教文化中心。街面上还有老字号三十余家，这儿金字招牌的店铺有四美酱园、谢馥春香粉店、潘广和五金店、夏广盛豆腐店、陈同兴鞋子店、乾大昌纸店等等。这里，市井繁华，商家林立，行当俱全，生意兴隆。每天清晨，当第一缕阳光照射在街道两边灰色屋脊上，转瞬间灰色的屋檐在阳光下熠熠生辉，街道两旁灰蒙蒙的老房子和若隐若现蜘蛛网一般的巷道里升起了袅袅炊烟，又是一天的苏醒。人们开始了繁忙的一天，他们从纵横交错，细细小小，蜘蛛网般的巷子涌入，熙熙攘攘，川流不息，人声鼎沸，像一锅沸腾的水。每当夜幕降临时，溶溶的月，淡淡的风，古老的街道像一条条输送带，把人们送向四面八方。街面上只留下在惨淡的月光下泛着青光的青石板路，默默地承受风霜的侵蚀。

东关街除了老字号店铺外，还集中了众多古迹文物，有个园、逸园、汪氏小苑，有扬州较早创办的广陵书院、安定书院、仪董学堂和明代的武当行宫、准提寺等。这里，收藏着岁月的痕迹，收藏着生活中的故事，也收藏着很多扑朔迷离的传说。我家所住的东关街巷子的街对面，就是武当行宫。该建筑始建年不详，因供奉真武大帝，原被称为真武庙。明宣德三年（1428）知府陈贞在原址上重建，嘉靖时重修。因嘉靖时含山人耿氏立"武当行宫"石碣祈福，故有此民间习称。清咸丰三年（1853）大部分建筑遭战火损毁，光绪时再重修。光绪二十八年（1902）近代扬州第一所官立中学仪董学堂创办于此（今扬州中学前身），1949年后又相继为东关街小学和艺蕾小学使用。武当行宫中轴线上依次为山门、真武殿和大殿，面阔均为三间，另于东侧建有部分廊房，院内存有古银杏树三株。听表哥说，武当行宫的大殿中有一尊石龟驮着一块石碑，石碑上没有碑文，历经沧桑，亘古不变。不知何年何月何日，人们惊异地发现，石龟头上被削了一块，旁边生生多了一块大石头，不知从何而落。由此，当时信奉神灵、相信因果报应的人们猜测，石龟定是做了伤天害理的事，遭天谴了。这个故事警示后人：举头三尺有神明。宋代理学家朱熹曰："君子之心，常怀敬畏。"我们经常在武当行宫里游玩，大殿里笼罩着一股神秘的气氛，从小就有了敬畏之心。

东关街 283-1 号的生活，在有条不紊地进行着。祖父孙溥源沿袭了封建大家庭的一套规矩，对我和哥哥进行管理。清晨，我们在睡梦中听到祖父的一阵阵咳嗽声，那是我们的起床号；起床后向长辈请安，然后早读；出门上学要向长辈打招呼，放学回家也要请安；对长辈要毕恭毕敬，喊人、回答问题要眼睛看人、面带笑容，声音不能大，语速要缓慢；不能在家大声喧哗，走路得小心翼翼；要站有站样，坐有坐样；吃饭祖父和父亲在大桌上吃，祖母、母亲、小孩在小桌上吃，保姆在锅灶上吃；吃饭的标准也有区别，祖父和父亲吃小灶，女人、孩子吃大灶；吃饭不能听到筷子响，不能咂不巴嘴，喝汤也不能出声。等等的规矩，不胜枚举。

过多的规矩使我们失去了孩子的天性，母亲开始还抗议过。但父亲是一个孝子，对这样的规矩，他司空见惯了。他宽慰母亲，人老了随他去吧。再说，这是老人的教育观，"不打、不威、不成器"。什么"棒打出孝子，娇养忤逆儿"，什么"贫居闹市无人问，富在深山有远亲"等，不一而足。如此，母亲不想父亲为难，也就顺其自然了。

祖父很自律，生活起居很有规律，衣着考究，在饮食上也很讲究。记忆中，他不苟言笑、生活刻板、毫无生气。他每天除了管教我们，就是读书。他也不出去活动，在客厅踱着方步。偶有一些老友造访，也是一些冒着酸气的老八股，他们都对祖父颇为尊重。记得祖父常常和一位居住在安家巷的老者下围棋，那位老者家里订了一份《解放日报》，祖父时不时派家人去借阅。他还和家住琼花观、琴棋书画俱佳的胡滋甫先生过从甚密，经常与其手谈。胡滋甫先生是广陵琴社第二代传人，也是广陵琴社重要的创始人之一。胡先生学曲操甚富，几乎囊括广陵琴操精粹之曲。胡氏琴堂，源于广陵琴派胡氏家族第一代琴人胡鉴所创之理琴堂，其琴学至今已五代家族传承，近一百七十余年。祖父还和扬州长乐客栈李长乐的后人、扬州的一些文人雅士有些交往。除此之外，他时常坐在太师椅上，手执红木戒尺给我们训话。家中的重活、粗话由保姆徐阿姨负责。他还每天叫我们用扫帚尾部，顺着砖头缝剔除式扫地，隔几天要用牙刷掏雕刻镂空家具缝隙里的灰。弄得不干净，得重来，戒尺敲在桌上啪啪地响，令人胆战心惊。常言道：大呆子，二尖子。哥哥从小是个乖孩子，只有我在部队大院野惯了，常常不循规蹈矩，叔叔孙恒华时常说，我小时候因为常常触犯祖父定的家规，没少挨祖父的板子。祖父严厉的管教，对我一生有极大的影响。

　　在祖父的严厉管教下，我们不敢犯错，更不能逾矩。记得这年冬天，我和哥哥偷偷从东关街个园后门溜进园子（那时整个园子关闭，不对外开放）。个园是座清代扬州盐商宅邸私家园林，以遍植青竹而名，以春夏秋冬四季假山而胜。园子相比北京的园子要小巧、精致许多。我们在园子里爬假山、钻山洞玩耍了半天，看到假山前面的池塘水面结冰，以为和北京什刹海的水面一样能溜冰。我先找了一根树棍戳了戳冰面，觉得没什么问题，便毫不犹豫地跳了下去。谁知水面只是表层结冰，一下子掉到水里面。哥哥急中生智，一边用手抱住树，一边递给我一根树棍把我拖了上来。当时整个园子里没有一个人，我狼狈不堪地躲在假山洞里面。将棉裤脱了下来，挤干水，在太阳下面晒，晒干了才敢回家。回家后也不敢声张，免除了一场责罚。

我和哥哥

　　祖母慈祥，持家有方，善于待人接物。搬入东关街283-1号后，祖父母一家受人尊重。祖母被选为居委会小组长，人称孙老太。祖母管辖的人家有 30 户左右，其中有 3 户是受管制的地富反坏右。祖母做了一手好菜，最擅长的是红烧狮子头、豆腐圆子、炒十香菜。还会做烂面烧饼、酥头令、安豆饼、韭菜饼，过年包子的馅也做得好吃。祖母的家常菜，也做得特别好吃。祖母的经验是选料要好，佐料要好，油多不坏菜。我们常常围着锅台转，等候美食出锅，那是多么美好的幸福时光啊！

　　这样一个旧式的家庭，充满了旧的气息。有些最简单的生活设施，也让习惯了北京生活的我难以接受。比如，家里没有自来水，家中有一大一小两只水缸。一只小水缸，盛挑回来的

自来水用于吃水。另一只水缸，则盛隔壁邻居家的井水，用于与吃无关的用水。偶尔用井水，也就是地下水煮饭，会有一种特殊的味道。最让人不能接受的是用马桶方便，床边的一个帘子，遮住了出恭的难堪。但气味是遮不住的。巷子里倒马桶、刷马桶，一溜子的不雅观，常常使人陷入窘境。还有，晾被子、衣服，是用叉棍将大竹竿叉到天井的屋檐上晾晒。这可是一个体力活及技术活，需要一定的技巧，才不破坏屋檐。天好的时候，天井里屋檐上，一排排的竹竿挂满了衣物。还有小弯把钩上，挂满了小物件，真是很稀奇。

到了炎热夏天的傍晚，令我瞠目的是，家家户户搬出躺椅、竹床、门板搁在条凳上做床，铺满了街道两侧和巷子里的一侧。床下还浇上井水降温。人们一边扇着扇子，享受着穿街风和穿巷风纳凉、入睡。小小年纪的我，不能忍受睡在外面，觉得不雅，也缺乏安全感。天再热，我还是选择睡在家里，好在家里有台华生电风扇。听家里人说，这台珍贵的华生电风扇是上海孙恒华叔叔送的。

祖父、祖母的房间也不能随便进。有一次祖母悄悄地带我们进了房间，但我们得压住喘气的气息。房间里面很整洁，老式的大床里面有一面镜子，床头有一个抽屉带着铜把手的小柜子，床尾有一个闷柜，还有衣柜等。吸引我目光的是床头小柜子上挂着很多照片相框，相框下放置了几个瓷罐子。

　　稀奇的是，床上的枕头边也有几个瓷罐子。祖母看到了我狐疑的眼神，打开了瓷罐，里面可丰富了。床头瓷罐里面有桂圆、红枣、蜜枣（有黑蜜枣、黄蜜枣）；柜子上瓷罐里面有桃酥、京果粉、小麻饼、小京果。祖母慈祥地拿了几样给我们吃，说道："你们的祖父有肺病，我有头疼、心口疼病（后来才知道是因为父亲失踪七年伤心落下的病）需要营养，这是你们的母亲买了孝敬我们的。"后来我注意到，母亲每每上街都买这些食品，瓷罐从来没空过。

　　小秦淮河，缓缓的流水，不知能否流进院子的井里……

　　转眼间就过新年了。那正是"爆竹声中一岁除，春风送暖入屠苏，千门万户曈曈日，总把新桃换旧符"。街面上，店铺张灯结彩，人来人往。人们满心欢喜，手上拎着大一包小一包的年货往家赶。卖年货的吆喝声、炸爆米花声、炮仗声此起彼伏。在部队大院，我们也过年，但没有地方上热闹。我们在大院的家是不生火的，顿顿饭都在食堂吃。除夕这一天，部队食堂里会有饺子，会有部队战友们做的来自五湖四海的家乡美食。

　　在这个大院里，除了朝夕相处的父母，我们没有其他的亲人。铁打的营盘流水的兵，大院里会有频繁的人际流动。家乡的概念，大院的孩子没有感觉，以为北京就是家乡。一个我脑子里的固定概念，被父母的转业打破了。安置回乡，历史进入了和平年代。部队大院的军人没有财产，领章、帽徽摘了就是一个普通老百姓。回父亲的家乡，一个不同于大院的环境，一个新的生活展现在了我的面前。

过年是一个新的开始，也是我的生活的分水岭。年的主色调是红色，寓意为红红火火。门上的红对联是必不可少的，门楣上方的横批、彩胜（也叫挂钱儿），新糊的窗户格纸，招展明艳。就连房间里床一周的墙纸，也焕然一新。过年还专门买了新的碗筷、碟子、茶杯、花瓶。家里窗明几净，一尘不染。床上换上了干净的被褥。每人都有崭新的衣服、鞋子、袜子。我们还有新的帽子、手套。家里的年蒸、炒货也很丰富，茶食品种多样。好多食品从来没有见过，更没有吃过。比如董糖、酥糖、芝麻浇切片等。

年的最隆重的仪式，就是年夜饭了。祖母做了丰盛的一桌子菜，超乎寻常而又心安理得。最难忘的菜，并不是大鱼大肉，而是她最拿手的十香菜。十味蔬果混合在一起，一筷子像尝尽了人间百味。祖母做的菜的味道，使我知道了家乡的味道，令我至今难以忘怀。这个新年，令我们最高兴的是祖父、祖母发给我们压岁钱。崭新的钱，双手接过，这是超越父亲母亲的仪式，祖父的脸露出了笑意。我有生以来第一次拿压岁钱（原来部队也没这一套），那是崭新的20张一角钱（共2元钱），明晃晃、赤灿灿的票子拿在手里，我觉得我发财了。那一夜梦都是甜的，模糊的影子里尽是祖父的脸。

过年前后，家里的亲戚频频来拜访。祖母的乡下的亲戚，还送了土特产。走动最多的还是小虹桥的恒富、恒贵，他们的父母走了，

我们的祖父、祖母就是他们的长辈。长辈为大，家风一贯如此。对祖父、祖母特别尊敬，包含了认可及服从他们的威严。这是传统的，不可逾越的；也是至高无上的，不可反抗的。他们除了嘘寒问暖，送上茶点，还传递了小秦淮河的街坊邻里的问候及关怀之情。

从初一开始就是拜年的节奏了。我们穿着新衣服、新鞋，跟着大人蹦蹦跳跳、欢欢喜喜地去拜大年。第一家是蒋家桥姑奶奶家。那一年，姑奶奶跟随着父母从北京到扬州，后来嫁到顾家，犹如凤凰落了草。好在顾家家境殷实，姑奶奶娘家陪嫁丰厚，姑爷憨实，过得也还算顺心。生育三男一女。只可惜姑爷走得早，守着家业和儿女们过活。她家的房子是私房，坐落在蒋家桥深处。她家很气派，门口两旁有石鼓，大门漆黑，上面有铜门扣。进了大门门房是一个前院，长了几棵树和一些盆栽，东西两边是开阔的边院。进入正厅，旧式人家的气息扑面而来。

姑奶奶是至亲，天生有一种亲和力。只见她生得娇小，皮肤白润光滑，五官生得精致照人。她也是缠裹了一双小脚，而且是一双特别小的小脚。真可谓金莲三寸，摇摇摆摆，让人啧啧称奇。旧式家庭，教育出的孩子孝是为先。她的大儿子在机械厂当保管员，二儿子学的是裱画，三儿子新中国成立前夕去了台湾，女儿在厂里做工。虽没有大富大贵，生活也说得过去。令人惊讶的是，姑奶奶的大儿子（我们称顾大大）五官长得很好，却是一脸大麻子。

父亲告诉我，这是因为解放前没有天花疫苗造成的。令我们欣喜的是，姑奶奶也给我们发了压岁钱，讨个吉兆。家里人端来了茶水和糖果及各式点心，我挑了自己喜欢的，就去后院玩了。我的印象中，他们家后院很大，很空旷，栽了很多花花草草，但我都不认识。愉快的时光总是悄悄地溜走，告别时，我们真是依依不舍。

大年初二是回娘家的日子，这个娘家是祖母的娘家。我看看母亲，母亲则不声不响。我不敢奢望妈妈的娘家，那是一个遥远的地方，只知道有一条江。清晨起得早，早餐后，祖母带着我们一家人，高兴地回她的娘家。祖母的娘家在邗江蒋王乡下，那里分别住着她的妹妹和娘家的侄儿、侄女。

我们先去了姨奶奶家。姨奶奶家非常简陋，后面的屋子是土墙砌的。前面的三间新屋，地上也是泥地，家里没有什么摆设。姨奶奶长得一点不像姐姐，个子很高，宽脸且偏黑。只是大眼睛，大的脚，显然她没有裹脚。她的丈夫去世得早，生育二子，都是农民，生活窘迫。我祖父、祖母时常帮衬他们，他们全家人勤劳朴实，十分懂得感恩。他们家每每有土特产，姨奶奶就要小儿子送到扬州东关街。此时，小叔叔下河去捞鱼捞虾，女人们下地摘菜。姨奶奶用柴火烧起了大锅炝，新米煮饭香味扑鼻。还炕了锅巴，这是我们第一次吃大锅锅巴，是舌尖上的永久记忆。这顿乡土饭菜，吃得美味、暖心。

　　接着我们走过了一段乡村小路，去了祖母的娘家侄儿步家海、侄女步家兰家。步家海家在蒋王秦巷，他们两家的家境要比姨奶奶家好很多。家海大伯是那一方的名人，他聪明能干，吃苦耐劳，创立了一份家业。他们家有三进房子，孩子很多。令他骄傲的是大儿子是当兵的，并在部队提了干。大女儿谈了个武装部的干部，就有了公家的味道。加上有父亲这样的老表，在天子脚下吃过皇粮，使得他在村子里有头有脸。家海大伯长得和父亲有点形似，中等身材，身体结实。其面相敦厚，见人和蔼可亲。与父亲相比较，缺少的是一份从容和书卷气。

　　家兰姑姑的家是明亮的、崭新的大瓦房，里面的家具也很讲究。祖母告诉我们，她的丈夫新中国成立前去了台湾。丈夫很念旧情，经常把钱汇到一个香港朋友那儿，这位仁义的朋友再把钱转汇给她。这种情况持续了几十年，也算离而不弃了。这便是人世间的亦悲亦喜吧。家兰姑姑长得标致，精明强干。有一个儿子与她相依为命。儿子已经娶亲，生了个男孩，这给家兰姑姑一个极大的安慰。可能是从小父亲离开的原因，儿子性格老实懦弱，对母亲唯命是从。

　　祖母的娘家侄儿、侄女两家用当时最高的规格接待了我们。先上三道茶水：糖水荷包蛋、桂圆莲子红枣茶，及最后一道的汤圆。过年的汤圆，就是团团圆圆，甜甜蜜蜜。后上自己家包的各种包子、点心，然后是各式茶食、糖果。

　　步家海家贵客盈门的消息不翼而飞。庄上很多老人、大人、小孩涌入了他家。他们还各自从家里带来了自家包的包子、点心。点心上有红色的戳子，是每家的不同样品种的标记。还有人从家里带来花生、蚕豆、葵花子、西瓜子，五花八门，好不热闹。那天，家里摆了好几桌，喝酒聊天到很晚。也就是那天，我才从人们的口中得知，孙书房也在这里落过户。我祖父——孙书房的二先生，新中国成立后因扬州城开设了公立学校，老宅孙书房没了生源，被迫歇业。为了生计，孙书房开到了蒋王乡下秦巷，大约有三年。新中国成立后，开展了一场扫盲运动。教育是扫除贫穷的根本，孙书房不仅为学童们识字解惑，也为消除文盲做了贡献。现如今，孙二先生的后人来了，尊师重道深入人心。乡亲们的感恩之情，驻留在他们的心里，洋溢在他们的笑容里。

　　晚上我和四姑娘一个屋。床是有顶板的那种旧式床。床很硬，虽然为我铺了厚褥子，还是挺硌人的。厕所是在后院搭了个简易棚，茅坑上搭了两块木板，挺悬的。是夜，乡下的风刮得呼呼直响，偶尔传来犬吠，我浑浑噩噩进入了梦乡。天刚蒙蒙亮，我就被树上的小鸟声、公鸡的打鸣声、犬吠声、猪的哼哼声、牛的哞哞声搅了我的美梦。第二天晌午，我们离开了蒋王乡。这里乡亲的真诚善良、热情待客给我留下了深刻的印象。同时也是我生平第一次，近距离接触乡村生活，受益良多。

　　小秦淮河，浇灌了至善至亲人的心田，欢乐地向前流淌……

东关街的刻板、有点沉闷的生活空气，被我妹妹的降生打破了。1964年3月10日，妹妹出生在扬州第一人民医院。那年，哥哥九岁，我八岁，间隔这么多年生的妹妹，家里人都把她当成宝贝。添丁是喜事，全家人笑逐颜开。就连整天绷着脸的祖父，脸上也绽放出了笑容。祖母和保姆忙着煮鸡蛋，并用红纸染红蛋，然后发放给亲戚、朋友。当然也少不了小秦淮河两岸的街坊邻居，与他们一起分享

妹妹孙飞

喜悦。

　　那时，一般是家里添男丁才发放红蛋，添女孩的一般不声张。重男轻女根深蒂固，但已受到批判。妇女能顶半边天，是新时代的共识。那个年代，普遍家庭多子，生两个是少的。对这个迟到的孩子，家里人都高兴，说明家的稳定，走向了自己的幸福。父亲给妹妹取名一个单字"飞"，寓意是希望她自由成长，一飞冲天。父亲的预想成真了，长大后，她真的飞出了家门。

　　我第一次看到妹妹，是母亲生养后从医院回来。坐着父亲单位吉普车归来的母亲，柔弱、带着笑颜走进了家门。她小心地打开褓褓，把抱在手上的婴儿给我们看。只见这个小人儿，长得粉嘟嘟的，像没有睡醒，听到人声后，睁开了一双大眼睛，是一个漂亮小姑娘。她的小嘴会蠕动了，散发出一种奶香味，头在褓褓里蹭了几下，有一头稠密的黑发。我只会看，不会抱。我从来没有看过这么小的婴儿，像个洋娃娃，甚为稀罕。在一旁的徐阿姨打诨说："生个男孩你还在桥上，生个女孩你就被撂下桥了。"全家人听到此话，哈哈一笑。我呢，一头雾水，不知所云。

　　祖母和徐阿姨尽力伺候母亲的月子，照顾好这个小人儿。母亲生下妹妹后，有充足的奶水。在母乳的喂养下，妹妹长得很结实，从不生病。看着她一天天长大，家里多了一份忙碌。

祖母和妹妹

母亲和妹妹

久违的尿布，也晒了一院子。回想起来，我只会逗她玩，而不会带她玩。记忆中，她的头顶总是揪一个小辫子，立在那儿。起因是她的头上容易生疖子，每每到了夏天，不知怎么搞的总是要冒出一二个疖子。家里人没办法，只能将妹妹的头发剃光，便于医治。一个小辫子，在头上跳跃着，童真得有趣加可爱。妹妹的降临给这个家带来了生气和喜悦。祖父因为心情好，对我们疏于管理，我们乐得直接撒脚丫子了。

　　刚到小学读书那会儿，我既不认识人，也不认识路，更听不懂方言。故而，每天都是徐阿姨接送，到了放学必须直接回家。现在可好了，徐阿姨要带妹妹，家里腾不出人来接我了。上学前后可以自由地独来独往，恣意地挥洒快乐了。我们在北京小西天总参大院过的是一种全封闭的生活，压根儿就没串过老北京的胡同和见识过四合院。来到扬州后，我对弯弯绕的扬州巷子，产生了浓厚的兴趣。扬州有民谣："扬州城，巷子深，户对户，门对门，门里门外一家人。清晨开门问个早，小巷虽窄不碍人，来往行人礼三分。"

我家住在一个不知名的巷子里，巷子隔壁左右全是巷子。令人不解的是，可以穿过巷尾人家进入别的巷子。扬州的巷子和瘦西湖一样，"瘦"得别有风韵。巷子大多用石板铺成，也有用小青砖一块块砌成的。由于年代久远，凸凹不平的石板被踏得油光，青砖已生满苔藓。巷子窄且长，巷子连巷子，有的看似已经到头，可走近却大有玄机。有的看似四处连通，可三转四折之后却是死胡同。有的巷子窄小，两边的院墙高高的，把光线都挡在了外面，只有窄窄的一丝光，从头顶漏下来。那时，哥哥上的是附小小学，每天早出晚归。中午饭是早上自带饭盒，路上要穿过很多七弯八绕的小巷子，徒步45分钟才能到达。

家人曾经带我去过一次，我产生了极大的好奇心。探巷子由此开始。我开始时小心翼翼地走一两条巷子，记住回头的路，立马回头；下次多走两条巷子，再回头；再下次又多走两条巷子，又回头；最后，终于走出了巷子，找到了哥哥学校门口。那时，

哥哥学校不让人随便进，我一个人就兴兴头头地往家赶。就这样我在巷子里多次往返，乐此不疲。因为扬州的巷子错综复杂，我也有马失前蹄的时候。

有一次，我放学后又偷偷地往哥哥学校跑。我顺着已经熟悉的巷子跑到哥哥的学校，适逢他们还没放学，我就一个人原路返回。谁知，我在回来的路上走岔了，记不得回头巷子的模样了。我走入了一个无人且阴森森的巷子里，周围都是人家的山墙和屋顶，山墙上有用于固定墙体的铁钉，屋顶上有鱼鳞般的灰瓦。此刻，我步步惊心，进退两难。这时，哥哥和同学从学校那个方向巷子的明亮处蹿了出来，解了我的困境。哥哥告诉我，这儿有三条巷子通往回家的路，所幸他们今天选择了这条路。我虚惊一场，对扬州的弯弯绕巷子总算是服了。

随着时间的推移，我对扬州的巷子有了进一步了解。比如，扬州巷子反映明清时衙署痕迹的有运司街、兵马司街、馆驿前、参府街、县学街；因寺庙祠宇所在而得名的有弥陀巷、三祝庵、观音堂巷、真君巷；因卖食品而得名的有牛肉巷、羊肉巷、糖坊巷；因手工艺而得名的有蒸笼巷、铁锁巷、打铜巷、皮坊街、漆货巷、油货巷、雀笼巷。有些巷子名称还很奇特，如黑婆婆巷、鸡鸭巷、吃吃看巷等，取名五花八门。

我除了对扬州的巷子着迷，还迷上了看小人书。小人书里大有乾坤，尤其是历史故事，更适合小人书。离我家不远的街面上，有个小人书书摊（刚好是我祖母管辖的范围），店内书架上摆满了各类小人书。书架下摆放了一张张小板凳，我天天耗在那儿。我还经常看得入了迷，往往挨到天色很晚。尽管店铺里的灯光昏暗，我自己不走，老板也不好意思赶我走。有一次，我祖母找了过来，租了一摞子小人书给我带回家看。这以后我看小人书的模式，就是在店里看或者租回家看。但必须做到，保证小人书的干净整洁，归还时完好无损。阅读小人书，我增长了很多知识，它伴随着我度过了美好的童年时光。

我还热衷于穿梭扬州教场街。孙家老宅出门左手上大麻石铺成的台阶是南柳巷，向东穿过一条小巷不过百米便是教场街。据史料记载，明清两代的教场，是驻军的练兵场。在教场里曾经有一座高大的牌楼，上面嵌有"我武维扬"四个大字。后武务日渐废弛，直至康熙南巡时，徽商汪简臣捐修街道打通了南北通道，此街因其西边的教场而得名。到了清代中叶以后，这里逐渐发展成为扬州的商业中心和文化娱乐之地。听家中老人说，素有"鹅颈儿弯"之称的教场街，旧有南北牌楼两座，一座横跨参府街和得胜桥街口，名曰南牌楼；一座横跨雀笼巷和马神庙街口，名曰北牌楼。此标志性古代建筑，飞檐翘角，雕梁画栋，金碧辉煌。旧时，这里是饮食、理发、沐浴、药店、

扬州老教场

书店、评弹、歌吹、杂耍、押彩、棋局、相命、旧货、修理、花鸟、鱼虫和菜市的集散地，五花八门，盛况空前，即便与上海城隍庙、南京夫子庙、北京天桥比较，也不遑多让。

教场街并非对一条街的称谓，而是这里四通八达的街坊区的总称。在其环周有十一二条街巷，有雀笼巷、碧螺春巷、漆货巷等。可以说，教场就是扬州独一份儿的"迷魂阵"般的街坊区。当我首次踏入教场街，依稀探得它的旧模样。

父亲每次带我去小秦淮河边上的小虹桥老宅，回来的路必选出门左手上大麻石铺成的台阶至南柳巷，向东穿过一条名叫益人巷的巷子，不过百米至教场街。他每次都领着我在教场街绕一圈，最后从雀笼巷出来回家。我在北京从没有去过天桥，昔日的场景只能如同空中楼阁，在我脑子里盘旋。记得第一次去教场的情景，那日，天上下着小雨，凸凹不平的青条石铺就的路面泛着青光，行人撑着或新或旧的油布伞和油纸伞，或紧或慢地前行，我异常兴奋地、跳跃着跟着父亲进入了教场街。街面上的老房子，大部分是木质结构，少数是砖石结构。房屋上的小瓦是灰黑色的，木板墙是活动的，卸下来之后，敞开就是店铺。屋顶还有几块明瓦，一束束光柱从中穿透下来，把本来不太敞亮的店铺照亮，仿佛时光就驻留在这里了。这里人声鼎沸，商铺林立。商铺经营种类繁多，饮食沐浴，书场茶座，药店书店，杂货旧货，花鸟鱼虫，菜市场等等，应有尽有，令人目不暇接。这里的角角落落充满了人间市井烟火气息。这种感受对我来说是全新的、深刻的。

父亲带我去了听书场。据史料记载，扬州专供说书的书场，大约出现于清代康熙年间。费轩在《扬州梦香词》里有这样一段描述："评话每于午后登场设高座，列茶具，先打引子，说杂家小说一段，开场者为之敛钱。然后敷说，如《列国志》《封神志》《东西汉》《南北宋》《五代》《残唐》《西游记》种种，各有名家，名曰'正书'。"据统计，清末扬州计有书场十六家，其中就有六家在教场。我在北京小西天部队大院接触过中国传统戏曲和曲艺节目，比如传统戏曲越剧电影《追鱼》、京韵大鼓等，而听扬州评话这是第一遭。只见书场座无虚席，走道上有来回走动的奉茶的、卖瓜子花生米的，甚至有卖香烟、洋火、桂花糖的。父亲为我买了一包瓜子、一包花生米，那三角形的包装是用旧报纸包成的。我们听的是王少堂说《水浒》，父亲告诉我，在老扬州，王少堂的名字可以说与《水浒》中的武松一样家喻户晓。我当时还有些半信半疑，对扬州方言也只是半懂半猜。

我们落座后，说书开始了。只见名家王少堂身着一袭月白色长衫，手执折扇坐在一张铺着台布的桌后，用扬州方言说演。我原本抱着看"西洋景"的心态，嘴里嗑着瓜子和嚼着花生米，优哉游哉。可开场不久，我这小小看客的情绪，就被说书者和现场的观众调动起来了。说书者，说表细腻、形神兼备、张弛有致、口齿清雅。同时运用手势、身段、步伐、眼神，塑造的人物形象个性鲜明，语言表述生动有趣。他的声音会随着人物的变化而变化，音调会随着剧情的发展而改变。他手中的折扇会配合剧情变换出十八般武器，招招出彩。他手到眼到，出神入化。他的评话说表，很有带入感。说到剧情紧张之处，场内鸦雀无声；说到剧情精彩之处，获得满堂喝彩。我完全被王少堂评话的艺术魅力所吸引。我正听得入港，只听台上说书人说："不知英雄性命如何，且请听下回分解。"说书戛然而止，哄哄声四起。众人起坐，令人余兴未了。父亲说这叫"卖关子"，意味着听书人还得买回头。说书的营造悬念，吸引听书的人再次光顾。

这招果然有效，自此后，我常常跟随父亲来书场听书。

父亲来教场逛街，还有两个嗜好。一是逛摆地摊的旧书和其他书店；二是逛旧红木家具店。爱读书是父亲的常态，现代的书中，已没有了黄金屋。但读书人与文盲，还是有很大的差距。而逛红木家具店，我当时没弄明白，也不需弄懂。后来我才知道，父亲是为了买房后，购置几件心仪的老红木家具。教场虽没有了操练，换成了市场，才是一个兴旺之地。让我们父女俩流连忘返的，正是人内心的喜欢。

母亲也常常带哥哥和我逛教场街。母亲带我们逛教场街的侧重点是美食。环绕这一带的街区，藏着老扬州传统味道的美食。进入教场街的巷口，各种美食的香味扑面而来，感官刺激了我们的食欲。母亲出身于广州大户人家，广东人"好吃"，且不吝钱财。母亲领着我们从吃排档到扁担挑子；从糍粑、麻团、油饺子，到火烧、徽州饼、黄桥烧饼。吃不完打包带回去，和家人们分享。跟着母亲逛教场街，我们每一次都打着饱嗝，踏着欢快的脚步，满载而归。跟着母亲这样的逛法，是持续的，不间断的。直至我结婚怀孕，母亲时常拉着挺着大肚子的我，去各种美食店吃各类小吃。

祖母也常常带着我逛教场街。祖母在家是一位当家人，父亲每月按时交上工资的半数以上给自己的母亲。祖母勤俭持家，把日子打理得妥妥当当。她是一位小脚女人，走路颤颤巍巍，但脚步频率较快。年纪尚小的我，要紧赶慢跑才能跟得上，真服了她。祖母带我逛教场街的侧重点是菜市场。这里的菜市场，每天天麻麻亮，就有农民推着独轮车、抬着箩筐、挑着担子，从四面八方赶来，到教场摆摊设点。这里荤素菜应有尽有，鸡鸭鱼肉、时鲜素菜、瓜果土特产一应俱全。我们家中逢年过节、大办小操，都得到这儿采买。有时祖母还带上徐阿姨，那一定是"大丰收"。祖母还会在教场采购一点自己的用品，比如梳头的篦子，用于梳头养发的蓖麻油、刨花水等。每逢夏季，她还会驻足雀笼巷为孩儿们买"叫油子""金玲子"，她还会挑只大的、叫得欢的，挂在妹妹小飞的床头。祖母还会买些栀子花、白兰花分发给家里人，她会为自己挑一对形状美的挂在中式偏襟大褂子盘扣上，走到哪儿都会飘出淡淡的香味。

每天清晨，当晨光洒满教场的各个角落，最先苏醒的是雀笼巷的各种鸟儿。这里还有一个偌大的鸽市，常有鸽哨伴耳，若隐若现，如笛声般清远。每天傍晚，当教场笼罩在落日余晖中，天空中满眼是由远及近，即将归巢的鸽子。我恍惚看见天安门广场上空的和平鸽……幻想着有一天，我也会飞上天，在蓝天、白云间翱翔。

拥有两千五百年历史的扬州城，藏着数不尽的古迹旧痕。

经过这段时间的沉淀，我慢慢地融入了这座古老的城市。我渐渐有了归属感，并逐渐融入了学校的班级、同学这个大集体。同学们给我带来了许多快乐，他们会许多土法子的游戏项目，令我大开眼界。比如，女孩子玩的跳房子、拾布包；男孩子玩拍洋片、弹玻璃球、滚铁环、蹦白果等。还有玩得更疯的是捉知了、掏鸟窝、捞蝌蚪、摘桑叶养蚕宝宝。还有最"来斯"的是，在一人巷打墙绷绷，有时是几个人同时上墙，那架势颇为壮观。慢慢地，我从北京回来那一口的京腔，在不知不觉中完全淹没在这片欢乐的海洋中，扬州方言成了我的母语。

　　小秦淮河水，滋润了我的心田，我慢慢地融进了这座**城市**……

十二

父亲

1958 年 2 月，中共中央、国务院发出《关于除四害讲卫生的指示》，提出要在 10 年或更短一些时间内完成消灭"四害"（指苍蝇、蚊子、老鼠、麻雀，麻雀后改为臭虫）的任务。紧接着，1958 年 6 月 30 日，《人民日报》报道了余江县消灭血吸虫的事迹，毛主席为此写下了七律《送瘟神》的不朽诗篇。1965 年 2 月 27 日，毛主席在

父亲和同事

最高国务会议上重申，全党动员，全民动员，消灭血吸虫病。于是，在全国范围内发动了一场轰轰烈烈的消灭血吸虫病的人民战争。

这两项群众卫生运动，直接关系人民的健康。卫生防疫站担当重任，父亲更是一马当先。特别是在"送瘟神"这场人民战争中，当时卫生防疫站的领导大多没有卫生医疗专业水平，此项工作的重任就落在父亲肩上。扬州的里下河地区，是血吸虫病的重灾区。我看过一些晚期病人的照片，挺着一个大肚子，都丧失了劳动能力。消灭血吸虫是作为战役来打的，必须有必

父亲和同事

胜的信念。有两大战役，一是要全面消灭钉螺；二是要全面筛查患者，进行医治。

父亲负责指挥全面工作，制订工作计划，检查工作成效。首先是组织落实，公社成立血防办公室，大队有血防大队长，生产队有血防小队长。灭钉螺是一个浩大的工程，要在乡村的每一条河两边筑一条灭螺带，上面要能走过一个人。灭螺带要做得通畅、光滑。血防人员每天早上要去灭螺带检查，看看有没有钉螺爬上来，要将爬上来的钉螺用夹子夹到瓶子里，晚上交总指挥部，统一销毁。对那些不能筑灭螺带的沟渠，也要一寸寸地仔细检查，确保没有死角。父亲就这样，指导广大群众用石灰氮和五氯酚钠进行稻田与河道灭螺。

当时，这个灭螺带要长久保存，确保没有钉螺繁殖的条件，第一战役就胜利结束了。第二战役是治病。首先是通过全民化验大便，检查出血吸虫患者。为了避免遗漏，每人要化验三次大便。当时，查出血吸虫病的人很多，治疗血吸虫病是分大队建病房，分期分批进行治疗。父亲对此项工作倾注了大量的心血，每个公社卫生院，每个大队卫生室，乡村的每条河、每条沟沟坎坎都留下了他的足迹。小秦淮河两岸也不例外地留下了父亲的足迹。他还亲自为好多血吸虫患者进行检查和医治，对患者进行心理疏导和后期回访。

父亲在卫生防疫站还分管工厂卫生和学校卫生。工厂卫生的工作面临的困难是，当时国家还没成立环保局，人们对环保的意识淡薄。防疫站的工作任务是对职业病的防护、检查、分类指导就医。当时扬州面粉厂、水泥厂、磷肥厂，是肺矽病的重灾区。学校卫生的工作是加强对传染病、学生常见病的预防和治疗。上述单位和部门，处处留下了父亲的足迹和那温暖的微笑。父亲有大爱精神。他关心同事的工作和生活，经常对有困难的同事伸出援助的双手。同事们遇到任何难事，都会第一时间找父亲倾诉，父亲也会对得起大家对他的信任。比如，从学校分配到单位的年轻同事，大多数出生在里下河地区，家中经济困难，结婚时捉襟见肘，父亲会慷慨解囊。诸如此类，不一而足。

工作中的父亲，讲究的是认真、负责。他的博学、谦和、淡泊、仁义，在卫生系统是出了名的。他本是行伍出身，体魄健壮，热爱生活，乐于助人。他喜欢读书、下棋，精通英语，还写了一手罕见的梅花体的钢笔字。凡是与他接触过的人，无不为他的人格魅力所折服。

回到家的父亲，既是一个好父亲、好丈夫，也是一个好儿子。他会和年迈、刻板的父亲进行耐心的交流，给年迈的母亲送上最亲切的问候。他和妻子爱意绵绵，对孩子们爱心满满。与他在一起，家会营造出一种幸福感，家会充满了欢声笑语。他常常把妹妹抛上天空，再双手接住，妹妹的咯咯笑声、家里人的欢笑、惊喜声连成了一片。最有趣的是，他每天起床时必唱歌曲："胜利的旗帜哗啦啦地飘，千万人的呼声地动山摇，毛泽东、斯大林，像太阳在天空照！……"这时，母亲会抄着她那特殊的南腔北调打趣道："你父亲不知哪块对哪块。"她的语音刚落，家里人更是捧腹大笑。随即我们也会加入父亲的旋律。这首铿锵有力、时代感很强的旋律伴随着我们成长。

母亲转业后，还是干她的老本行，到扬州第一人民医院手术室当护士。虽说是换了新环境，经常上夜班，有时还连轴转。但毕竟是驾轻就熟，自然应付自如。母亲是大小姐出身，天生性格活泼，开朗、乐观。有趣的是，她抄着一口的南腔北调。形成的原因是，广州人在北京当兵，粤语很难融入京腔。祖母背后戏称她为南蛮子，对应在扬州人眼中的北侉子。母亲似乎对此称呼并不介意，我行我素。这个小姐出身的广东人，酷爱吃、穿、用、戴。父亲对她的喜好并不加以限制，给予足够的自由度。母亲每个星期日都带上我们穿过小巷进入大街，去百货公司购物，去布店买布，去副食品商店买食品，吃遍扬城小吃。她上街的频率特别高，有时一天要去三四趟街，甘之如饴。祖母时常夸张地说，她一天要上九十六趟街。母亲有着很好的家教，

母亲的同事印尼华侨潘医生　　　　　　　　　　　　　　　　母亲的影集

对长辈恭敬、孝敬，对祖母的戏言从不计较，还经常给长辈买这买那。对此，祖母还常常埋怨，认为她不会过日子。

母亲比较讲究生活品位。家中自己房间床上铺的是五彩条纹泡泡纱精细质地的床单，那是她从广州娘家背回来的。家中房间窗帘布，是她亲自精挑细选的。房间矮柜上的抽纱台布，是她从北京带回来的。她还为家中三五牌座钟、收音机、台扇配上北京布艺垫子。家中的玻璃器皿——花瓶、冷水壶、冷水杯也是精挑细选，连热水壶外壳、脸盆、脚盆、搪瓷罐的挑选也不能马虎。她还要求我的祖母和徐阿姨，凉菜、炒菜必须用碟子盛，不能用碗盛。母亲对色彩的理解，有着独到之处。她不喜欢大红大绿的胭粉之气，喜欢素色、高级灰等。母亲以她的审美为我添置衣物，往往和我的意见相左。比如，我心仪的蝴蝶结凉鞋，有果绿色和黑色，我特别希望拥有一双果绿色的蝴蝶结凉鞋，而母亲说俗气。她坚持为我买了一双黑色的。我上中学以后，她给我添置的衣服大多是灰色和米色。母亲的审美观对我一生有着极大的影响。

母亲最大的喜好，及思乡的情怀，莫过于听到乡音。家里没有语言环境，她也没法教我们粤语，常常为此惆怅。记得有位学者说过，乡音是最响亮的声音，没了乡音，我们用什么去排遣乡愁？那个时代的人，流动性差，偌大个扬州城找不出几个广东人。不久天从人愿，母亲医院分配来了一位年轻的姓潘的男西医。他是印尼华侨，会讲一口标准的粤语。母亲可高兴了，立刻和潘医生用粤语攀谈起来。此后的日子，她和潘医生成了朋友。当她听到久违了的乡音的瞬间，有一种"泪奔"的冲动。这乡音如同故乡的那山那水，是她内心深处不可或缺的慰藉。

母亲和潘医生用粤语交流时常成了我们的乐趣。他们讲话声音比较响，讲话的语调像吃蚕豆咯嘣咯嘣的。潘医生的来访居然又一次引起了巷子里不小的轰动（第一次是我们全家到扬州的那天），天井里挤满了人，还有人站在门外听。粤语的特点，一是保留大量古汉语成分，二是遗留有古南越语成分，三是吸

母亲的战友们

收了外来词。所以粤语如同"鸟语"，像讲外国话。母亲的这次会客，在很长的一段时间内，都是街坊邻里茶余饭后的谈资。

母亲珍藏了一本影集，那是她的最爱。那是一本青蓝色的真丝缎面影集，封面封底是《清明上河图》的局部图案，装帧的丝线是浅黄色的，并蓄有流苏，十分精致清雅。影集里面装着她的亲人和她的战友们的照片。每逢节假日，母亲都要翻开心爱的影集，对一张张照片久久地凝视着……

母亲的箱子也是她的最爱。那也是我的最爱。我们从北京回扬州全部的家当，四个大木箱，一个小木箱，两个樟木箱，两个皮箱，一台国外的收音机，一部国外135照相机。原来在总参大院生活，家具是部队统一配备。当兵的转业时，家当就是一个个箱子。家里的箱子中，两个木箱放置棉花胎被褥，两个木箱放置棉袄、棉裤棉制品，小木箱放置的是父亲的书，樟木箱放置皮大衣、皮垫子、羊毛毯、毛衣、丝织品等，皮箱里面是一些广东家里和海外带回的花花绿绿的漂亮衣物。这些箱子里的华丽、漂亮的衣物是母亲的最爱。在部队时母亲没机会穿，只是偶尔休息时穿一下。

回扬州后，发现扬州生活水准较低，她又不敢穿。所以那箱子，是她心心念念的东西。生了妹妹以后，母亲身材有些发福，那些漂亮衣服多数都穿不下了。于是，她指着箱子对我说，等你长大了，这些衣服都给你穿。从此，那箱子也成了我的最爱。那里面的衣服实在是太漂亮了，简直像明星穿的，对我的诱惑太大了。为此，我做梦都想早点长大。我还趁大人不在家，偷偷地翻箱子，把母亲的心爱之物拿出来，在身上比画着、憧憬着。母亲的箱子终究是她的最爱，那里装满了她对青春、美好的回忆。

小秦淮河，是水的悠然，岁月的悠然……

十三

　　倏忽间妹妹已近两岁了。父亲再次动了买房子的念头。父亲和母亲转业回扬州，本该组织分配房子住。但是父亲和年迈的祖父、祖母分别太久，觉得亏欠他们太多，想用承欢膝下来弥补。最终的结果，选择住进了东关街283-1号。住惯宽敞房子的母亲，觉得住这儿很局促，对卫生设施也不满。我和哥哥，时常也会向父亲嘟囔着。当时已领了十年薪金的父母，手上有一笔可观的积蓄。除此之外，父母转业也有安家费。

　　父亲决定用这笔钱来买一所大点的房，能够三代同堂。父亲在扬州好多地方看房子，比如湾子街、蒋家桥等。但父亲出生在小秦淮河边上，那里有孙家的老宅，有孙书房。那里也是承载了他童年、少年所有的欢乐和记忆的地方。因此，父亲购房的思维定格是地理位置必须是小秦淮河两岸，必须是两进院的大户房子。他请堂弟孙恒贵协同办理此事，那个年代买房、卖房的人实在是罕见。买房实属不易，于是此事搁浅了一段时间。

而今，随着妹妹的长大，买房一事再次提到议事日程上来。父亲三天两头往小秦淮河的小虹桥跑，和堂兄沿着小秦淮河寻找合适的房子。最终父亲选中了南柳巷八大家的一户人家。南柳巷八大家原来的主人是扬州的盐商，房屋分布在两个巷子里，每巷住四家，故称八大家。这里的房子坐北朝南，分前后二进。梁架是"前五后七"，后面显得更高大些。每个巷子，首尾两家房间数是"明三暗四"。每巷四家，一家连着一家，相连的两家共用一道墙。这种造型，在民间被称为"连体四合院"。两条巷子口，有气派的大门，通往南柳巷。巷尾有后门，下坡通往小秦淮河。且八大家离小虹桥孙家老宅仅有百米之遥，这真是理想之地。眼看父亲选择的房址，再次与小秦淮河相依的愿望就要达成了。但此愿最终成为父亲心中的缺憾。

时年为 1966 年，国民经济的调整基本完成，继而爆发了"文化大革命"。

1966 年 5 月 16 日，中央发了重要文件《关于开展无产阶级文化大革命的通知》，简称"5•16"通知。这是新中国成立后，最大的一场政治运动，历时十年。说这是一场触及人的灵魂的

大革命，一点也不为过。运动开始时，我读小学四年级快要结束。虽说在"文化大革命"结束后，中央十一届三中全会上，有对这场运动的定性语。但运动对人的深远影响，至今仍有余波。我不会评价这场运动，但我是在这场运动中成长起来的，我只是对我的所见所闻及我的家庭遭遇，如实陈述而已。

当红卫兵运动铺天盖地席卷而来时，我是一个旁观者，有一种看热闹的心情。最初是破除"四旧"，认为是一种辞旧迎新的行动。封、资、修的生活，我没有经历过。对旧的东西，抱着"不破不立"心理，"破"代表了一种未来。但随后发展为抄家、打人、砸物，顷刻间一切都乱了。我们学校也停课了，有充裕的时间去倾听、观看这如火如荼的场景。我亲眼看见红卫兵、造反派，冲进祖母管辖区域里的地富反坏右的家里面。将他们家的书、字画等当众销毁，并打骂凌辱。我被吓着了，打砸抢一点都不好。何况我的家里，祖父母摆设着不少的旧东西，也属"四旧"之列。

当时，我们巷子里住着一位日薄西山的陆老太爷，他家有两进房子，只住着他和一位保姆及家人。他的亲人都在国外，本人有严重的洁癖，保姆每天都要用大量的水冲刷地板和天花板。不知造反派从哪得来的信息，在他家的天花板上搜到16尊一尺高的镏金菩萨。一个"四旧"的典型，作为重大战利品炫耀（该批文物至今下落不明）。自此后，红卫兵、造反派勒令管制分子每天要到居民小组长祖母这儿早请示、晚汇报，还要天天打扫卫生。祖母管辖的三户管制分子，两户是地主婆，一户是国民党高官的小老婆。关键是她儿子也是国民党的高官，都跑到台湾去了。

我出于好奇，跟着祖母分别去了她们的家。两家地主婆的男人都不在了，家里只有女人，平时鲜有人造访。祖母和我的到来，她们显得很高兴。我环顾四周，她们的家并不是像我想象的那么富有。她们家房子、院子挺大，可到处都是空空荡荡的。她们穿的也挺寒碜的，过得并不好。其中一家地主婆在东关街菜场卖菜，要养活母亲和儿女。她的女儿差不多和我同岁，因为她出身不好，没人愿意接近她。她显得很孤独，我很希望她能快乐。

另外一家地主婆情况更糟糕，因为年龄大了没有工作，日子过得很窘迫。她家院子里有一棵硕大的柿子树和一棵鸡爪爪树，正好对着我家天井。我时常向那里张望，有很多鸟儿在两棵树上栖。我观察到，天明时分，树上栖息的鸟儿窸窸窣窣地动，振翅，弯头清理羽毛，腾挪翻越，从这根枝条到另一根枝条，它们还时不时地俯冲而下，从高树到屋脊。就在我凝眸静立的瞬间，它突然蹬枝而去，紧接着就听到大门吱呀的响声。哦，这鸟儿，总比人敏锐得多了。每到柿子成熟的季节，它们更欢快了起来。每当看见鸟儿用尖喙朝黄澄澄的柿子狠狠地啄去，我的心会咯一下地疼。偶尔成熟的柿子会落在我家厢房屋顶上，徐阿姨都会想法子弄下来给我们吃。她家柿子特别大、特别甜。后来柿子的主人知道了，就摘了柿子送过来，祖母坚决不收，她很失落地离开了。这以后，在柿子成熟的季节里，我家门口坡台上时不时地会有两个柿子。柿子的来路我们心知肚明，暗地里也吃了。还有一位是名叫卜敬珠的国民党高官的姨太太，住在我家巷子的第五个门。她大概五十岁，身材修长，皮肤白皙，面容姣好，风韵犹存。我第一次看到她时，她身着一件蓝色棉质旗袍，右大襟上插了条白色手绢。齐肩的乌发戴了一顶毛线帽，脚蹬一双呢面兔儿面棉鞋。她显得弱不禁风，说话声音很轻，眼眸里流露出淡淡的哀愁。我跟祖母去过她家，那里简朴、洁净，有几件小物件很精致。她"茕茕孑立，形影相吊"。她一年四季每天都在我们巷子里扫地，我经常默默地注视着她。直至某一天，她从我的视线中消失了，祖母告诉我：她有严重的糖尿病，去世了。我也说不清楚当时是什么感受。

此时，外面的世界风云变幻，小秦淮河小虹桥老宅也失去了往日的平静。堂叔的三个上中学的孩子纷纷加入了红卫兵，还分别参加了两个派别，即——造反派和保皇派。原本兄妹相处和睦，而今为了不同的观念，常常争论不休，面红耳赤。他们是一群追求政治、渴望进步的青年，精力都很旺盛。每天他们从毛主席语录上找话题，找行动指南，以示自己的思想进步，行为端正。家里其他人，对此也是莫衷一是。真可谓：怎一个乱字了得！

面对这场突如其来的"文化大革命"洪流，谁又能独善其身呢？小秦淮河小虹桥老宅的对门尤家，和我们家是世交，亲如一家。尤家祖籍山东，堂号树德堂。太平天国年间，高祖携两子一女来扬州谋生。先是做蔬菜生意，几经打拼，到曾祖这一辈两度在小秦淮河小虹桥边造屋安家，门牌号码小虹桥3号，并在国庆路开了一家"功成坊"鸡鸭店。一度尤家生意红火，乡下挑夫每天送来的鸭子，成群放养在小虹桥河边，群鸭戏水，成为小秦淮河边上一道亮丽的风景线。不料正值壮年的尤家曾祖父骤然辞世，"功成坊"鸡鸭店的生意一落千丈。遭受家道中落的祖父辈的尤二先生（尤凤池）在岳父张瑞堃的提携下，从此便走上了"茶客"的生涯。他曾跟随岳父赴"四水三山二分田"江西余干等地采购茶叶，主要为扬州一带茶庄提供货源。尤二先生在积累了一定的经验和财富后，与兄长合伙在扬城闹市辕门桥开了"瑞昌"茶叶店。本想着兄弟同心，其利断金，不承想主事的尤家大爷（秉承长幼有序）贪图享乐，疏于管理，以致内鬼趁隙作祟，成篓茶叶不翼而飞。虽查出内鬼，但"瑞昌"元气大伤，资不抵债，只能被迫关张，并以苏唱街的大宅子及悉数财物予以"平债"。尤二先生在经历这场浩劫后，痛定思痛，重新起步，赴邵伯租赁了源泰祥茶庄的店底，标注"池记"，树起了自己的金字招牌。新包装纸、"和合二仙"等各式图案的茶叶罐都加了印记，自此生意做得风生水起。尤二先生自幼入私塾，崇尚读圣贤书。尤二奶奶（张月娥），祖籍苏州阊门，出身殷实的茶叶世家，见过大世面。夫妇二人育两男三女，特别重视子女的文化教育。尤家的五个孩子连同舅爷的孩子，均在孙书房接受启蒙教育。其长子尤钟骥，长父亲三岁，他们是发小。他学习优异，后以全省第一名考入扬州中学，直至武汉大学读研后进入国民政府的资源委员会。新中国成立后，他先在华东财办组建统计科任首届科长、后任上海市轻工局财务计划科科长、上海造纸研究所所长、上海市高级职称评审委等职。其时，尤钟骥作为资产阶级走资派和知识分子的代表人物，受到了冲击，下派到基层厂里任厂长。尤家太太的侄子张键官和我父亲同岁，曾是孙书房的佼佼者，考入扬州中学就读。1946年考上国民党陆军军医学校（国防医学院之前身）药科就读。直至1949年，随国防医学院赴台，临行时尤家二姑娘（他表姐）退下手上的戒指，赠送与他。其后，他凭借实力去了美国读了硕士。虽在境外，免受了"文化大革命"的冲击，但形势的发展令家人忧心忡忡。

　　不久，尤氏家门发生了一件石破天惊的事情。当年尤家三姑娘尤钟秀走出孙书房，以优异成绩考入扬州震旦中学。震旦中学 1920 年由法国耶稣会士山宗机在扬州创设，初称圣约翰伯尔各满公学，1935 年更名为私立震旦大学附属扬州第一震旦中学。这所学校闻名遐迩，曾为中国培养出了一大批杰出的人才。抗日战争爆发后，在国共合作抗日民族统一战线推动下，各地爱国青年广泛开展抗日救亡活动，建立起许多团体。蒋介石为了把全国的青年组织起来，使人人信仰三民主义，1938 年 4 月，国民党临时全国代表大会通过设立三青团。涉世不深的尤家三姑娘，稀里糊涂地加入了三青团。"文化大革命"的滚滚洪流，荡涤一切污泥浊水，很快挖出了她的历史问题。

　　尤家三姑娘是一位近 40 岁的老姑娘，个人素养极好，会一口纯正的英语。她知性文静，事业心强，为人耿直。面对突如其来的政治运动，心理防线彻底崩溃，选择了绝尘而去——跳河自杀。她没有选择跳进小秦淮河，而是跳进了离扬州 20 公里的瓜洲古渡的河里面。得知噩耗，堂哥孙斌和尤家兄弟第一时间赶赴现场确认了遗体。面对三姑娘的人生悲剧，尤家满门悲痛欲绝，街坊邻居也洒下了同情的泪水。

　　小秦淮河，河水一直向南流，流出了呜咽声……

十四

此时的父亲，也深陷泥潭。父亲的问题是资产阶级走资派，他曾经是国民党上校军医。他受到冲击，是在所难免的。无产阶级"文化大革命"，首先是怀疑一切，打倒一切。人的一生，绕不开他生活的那个时代。我清晰地记得那天，造反派突然冲进我家，直接闯入父亲、母亲的房间。进去后先打开收音机，查看收听的波段，有没有所谓的敌台。然后直接把父亲带走，隔离审查了起来。随即造反派通知家人，要和资产阶级腐朽的生活方式一刀两断，立刻停止雇用保姆。要按时给父亲送饭、送换洗衣服，一切听候处置。

暴风骤雨式的革命运动，打破了我们家平静的生活。母亲也因为出身不好，有海外关系，背上了沉重的心理负担。刚从上海回扬州的表兄，负责给父亲送饭，我负责给父亲送换洗衣服等。那时，父亲每天站在单位大门口，胸前都要挂个牌子。那个牌子是用厚木板做的，用铁丝扣住挂在脖子上。上面糊着纸，写着粗黑的字：打倒资产阶级走资派、国民党上校军官孙甦。有时，父亲还要配合批斗会戴一顶纸糊的高帽子。看着父亲落到这样的境地，没有了尊严，我心里难过极了。

祖母一般不让我白天去，让我下午下班时间去送衣服。我知道她怕我看到父亲的现状于心不忍，可我忍不住要偷偷地跑过去，隔着马路遥看着父亲。只见父亲脸上苍老、憔悴了不少，体型也明显消瘦了。看到父亲如此状况，我泪水夺眶而出，拔腿就往家跑。跑到家，我趴在床上悄悄地哭。那天以后，我仿佛一下子长大了。我去为父亲送衣服的时候，尽量装得若无其事的样子。父亲每次见到我都特别开心，他会问长问短，关心家里每一个人。他那从容、淡定的笑容，对我们是一剂良药。

我依然每天偷偷地跑去，隔着马路遥看着父亲。我时常发现，防疫站内专门为实验室养绵羊、兔子、荷兰鼠、白老鼠的胖妈妈和防疫站吉普车驾驶员何叔叔，趁造反派不在时，就帮父亲取下胸前的牌子，拿一张凳子，让父亲坐着，还送上一杯热水。他们都是善良的人，父亲曾经接济过他们。我感觉到他们心里的浮屠还在，让我看到了人性的光辉。

此时，小虹桥又传来消息，在新华中学医务室工作的张镇平医生，因当年当过"少校军医"，被批斗、关押。张家大院被没收。

父亲被批斗、隔离审查，大大地触动了祖父的神经。原来足不出户的祖父频频去小秦淮河小虹桥老宅，和侄儿孙恒贵嘀咕着商量事情。在一个风雨交加的夜晚，祖父怀揣着一个小瓷罐，那里面是他一辈子积攒下来的财富——各式金器，进了小虹桥老宅。他坐镇指挥侄子孙恒贵及侄孙们，撬开了西厢房的地，将小瓷罐金器做了严实的封口，埋在了地下。完毕后，他自认为安全了，如释重负地松了一口气。经历了这个风雨交加夜晚的祖父，咳嗽愈发加重了。他非但没有放松对我们的管束，反而加码了。

祖父怕我们不上学，终日游荡，他就想着法子给我们上紧箍咒。他规定我和哥哥每天背五条毛主席语录，必须每天下午三点以前背出。背不出来的用红木戒尺打手心，直到全部背出为止。一天五条，第二天十条，第三天十五条，以此类推，到后面确实挺难的。哥哥经常被祖父打手掌心。我到后面也有结结巴巴地勉强过关的时候，每每都能侥幸逃脱祖父的责罚。平时他规定的事务，我们丝毫不敢怠慢，红木戒尺始终悬在我们的头上。

祖父的咳嗽越来越严重了，还吐血了。随着自己的身体每况愈下，他意识到自己将不久于人世。于是他唤来侄子孙恒贵，秘密交代他去办寿材——棺材，并勘察好孙氏家族的墓地。新中国成立以后，逐步杜绝土葬，推行火葬。旧时代走过来的老人，有一种旧的信仰，入土为安。时值轰轰烈烈的"文化大革命"，且我的父亲还在隔离审查。祖父这一招善后，如果被造反派抓到，那是很麻烦的。铤而走险、倒行逆施的大帽子，随时都能戴上。堂叔还是有些本领，暗暗操办了，遂了祖父的心愿。

1967年末的一天夜里，经历了清朝、民国、新中国，风烛残年的祖父因病辞世。那夜，父亲偷偷地回来给祖父送行，内心的痛苦应该不难想象。我们被大人按在房间里，不让出屋。毕竟祖父死于肺结核，此病是传染病。趁天没亮，父亲、堂叔、表兄、堂兄等人，即刻将祖父入殓，装进了棺材。记得那钉钉的声音特别刺耳，随即将棺材抬走安葬。我们默默地祝祖父一路走好，我第一次领略了亲人的离去。第二天，防疫人员对我们家进行了一次全面性消毒。祖父的身影和那消毒药水味，停留在屋里很长的时间。

我从小体弱多病，经常感冒发烧进医院。母亲医院的儿科主任看到我就说：林黛玉又来了。这次，不知是不是受了惊吓，我的病来势凶猛，高烧不退。我住在医院的观察室里，连续几

天发烧 40 摄氏度以上，打点滴用激素也降不下来。我迷迷糊糊地听儿科主任和母亲说，如果体温再降不下来，这孩子就危险了。用物理降温试试，母亲亲自为我用酒精棉球擦拭全身，并反复多次。当我再次醒来，已午夜时分。朦胧间，我惊异地看到父亲坐在我的床前，他的大手握着我的小手，低头垂泪。我从来没见过他这样，我的心都融化了。这一幕我挥之不去，终身都很难忘。

经过医生和母亲的全力医治及精心照顾，我身体逐步得到康复。后来我才知道，我病重的那天，是医院通知了父亲单位的造反派，才把他从隔离室放出来，到医院来看我。那时，扬州市卫生防疫站和扬州市第一人民医院近在咫尺。正因为有了父亲的探视，我的病奇迹般地有了好转。我病愈后，虽想着父亲，咫尺之遥也是很远。我只能在家，乖乖地休养，默默地祈祷父亲一切安好。外面，运动之火，仍在炽热地燃烧。

小秦淮河，河水能流慢点吗？能克火吗……

十五

一些不祥事件的阴影，一直缠绕着小虹桥的每一户人家。特别是令堂叔孙恒贵一直胆战心惊。堂叔是和父亲同时去的部队，但走的路和父亲不同。他后来成了国民党少将军官李佩芳（李四爷）的贴身侍卫，官至上尉军衔。

李佩芳（李四爷），扬州人氏，早年与我祖父结成拜把子兄弟，其有着极其显赫的家庭背景。他的曾祖父李长乐（1837—1889），字汉春，安徽盱眙半塔人（现在盱眙属江苏，半塔划归来安，仍属安徽）。同治元年（1862）李鸿章初建淮军，李长乐初入江南水师担任营官职务，自此随曾国藩、李鸿章转战苏、浙、闽、鲁、豫等省。因其作战骁勇，军功卓著，数年间从九品营官升至从一品提督，三次被赐予侃勇、尚勇、博奇"巴图鲁"（满语，

即勇士）封号，这在清代近三百年的历史中极为罕见，同治四年
（1865）被赐予黄马褂。其曾历任湖北、湖南、直隶提督。特别值
得后人缅怀的是，在他生命最后十年（1880—1889）任直隶提督期间，
率领"武毅"军驻扎芦台，镇守大沽、北塘等海上重要门户，使得
外国军舰不敢寻衅，保证了京畿安全。其终因积劳成疾，病死任所。
李长乐病逝后，光绪皇帝下诏，谥号"勤勇"，并赐谕旨将其安葬于
扬州西部的"二道山"墓园，还在其任所芦台建"李公祠"，以资纪念。
李长乐生前在扬州购置宅院定居。现如今，扬州东关街李长乐
故居仍保留着跨越历史的古风遗韵。李四爷祖辈和父辈都无甚
建树，直至第四代李四爷得到了祖宗的庇佑和传承，长得一表
人才，从小喜欢习武，他年轻时考取保定陆军军官学校，毕业
以后出任国民革命军73军军需处长，后任国民党江苏省保安司
令部参议，接着被委派至松江警备司令部任司令。堂叔孙恒贵
一直追随其左右。

　　因李四爷经常派堂叔去武汉做生意，他娶了一位武汉的女
子为妻。国民党部队开拔到台湾时，他适逢回家探母，留在了
大陆。解放后，他心里胆怯，向组织上隐瞒了这一切。他的档
案里，只填写了在武汉做生意。他清楚地知道，当时履历表上
如果填这一切，那就要被划为历史反革命。那他及他的家人，
就要打入另册，遭受磨难。他每天小心翼翼，低眉顺眼面对单

位的人和一切熟悉的人。任何风吹草动，就犹如惊弓之鸟。尤家三姑娘之死，使他嗅到了危险的味道。他想到家里还隐藏着足以令他致命的物件——国民党军服、大檐帽、皮鞋，还有西服、照片等。想到这些他寝食难安，唯有彻底销毁，才能一了百了。经过反复寻思，他决定将这些要命的物件沉到小秦淮河里。在一个风高月黑的夜晚，他将这些物件捆在一起，绑上砖头，上了小虹桥。走到桥的中央，他一咬牙，将这块心病扔了下去。瞬间，河水溅起了巨大的水花，久久不能平复……

　　堂叔旧的烦恼刚刚去除，又平添了新的烦恼。1968年12月，毛泽东下达了"知识青年到农村去，接受贫下中农的再教育，很有必要"的指示。上山下乡运动大规模展开，使当年在校的初中和高中生（1966、1967、1968年三届学生），全部前往农村。堂哥孙斌是应届高中毕业生，已经参加过高考体检，"文革"来了一切都改变了。1968年12月8日，孙斌率先下放兴化县农村。接着大堂姐也紧随其后去了兴化农村。姊姊哭着、闹着留住了二堂姐。堂叔家共生育了五个孩子，全家七口人，全凭他一人的微薄收入支撑着这个家。这三个大孩子是全家的希望。门外的锣鼓声又敲起来了，知识青年下乡的喜报，在挨门挨户地报。小虹桥的邻里街坊的适龄青年，全被胸佩大红花、敲锣打鼓地送到了各地农村。

"文化大革命"，算得上是多事之秋，一波未平一波又起。

我的表兄汪培生的父亲，新中国成立前在国民政府的银行工作。解放前夕银行撤离，他随银行去了台湾。他的选择，给这个家带来了无尽的灾难。首先是妻离子别没了依靠，感情上受到了极大的伤害。其次是给子女背上了反革命家庭的标签，留下无穷的后果。新中国成立后，姑母孙淑贞把儿子托付给了父母，只身去了上海某工厂做缝纫工。表兄才华过人，在外祖父的调教下，琴棋书画样样精通。可是因为家庭出身问题，初中毕业就辍学在家。适逢我们全家从北京回来，他就到上海投奔母亲去了。可他的户口始终办不下来，无奈之下他于1967年又回到了扬州，在扬州某服装厂找了一份工作。节假日他会去上海探望母亲，其间无事在上海公园闲逛，谁知摊上大事了。

1968年底，头一天还给我父亲送饭的表兄，第二天就被单位控制了，随即送进了看守所。家里人一点都不知道，以为他去了上海。那个时候文昌楼改名叫造反楼，经常在那里开宣判大会。一天，邻居跑来报信说：不得了了，你们家汪培生被定了现行反革命，正在造反楼宣判。此言，不啻为一磅炸弹，大家都惊呆了。我猛地反应过来，撒开腿往造反楼跑。当我气吁吁赶到造反楼东南侧时，声势浩大的宣判大会正在进行中。台上站了一溜被五花大绑的人，每个人身后站着两个警察，反手按着他们的手臂。紧接着表兄被推到了台前，宣读了他的现行反革命的罪状。大意是，在上海参加了反革命组织，到扬州来妄图发展反革命组织成员。汪培生被定性为现行反革命，宣判了有期徒刑七年。我眼睁睁地看到被五花大绑、面如死灰、眼里充满了恐惧的表兄，从造反楼的东南侧被押上了卡车。旋即卡车呼啸而去，不知驶向何处。身边的至亲锒铛入狱，敌我关系的转换令人迅雷不及掩耳。我真希望这是一场噩梦，然而，这一切却是真实的。在上海工作的姑母得此消息后，疯了。我的父亲仍在隔离，亲戚们都自身难保，躲之都唯恐不及。

　　小秦淮河，河水能告诉我，熟读圣贤书的孙寓，究竟怎么了……

十六

　　不久，父亲被放出来。父亲的历史都在他的档案里，没有任何隐瞒，也找不到茬。虽说父亲在国共两边都待过，他作为战场上的军医，职责就是对军人的救死扶伤。那么多的战争，都经历了，对生死的概念比一般人清晰。枪林弹雨不长眼睛，但活下来的人，菩萨也会保佑。我又能听到父亲欢乐的歌声了，而且很珍惜与之朝夕相处的时光，生怕这美好的时光被人悄声无息地偷走。我尽可能地删除脑海里的阴影，相信自己始终头顶蓝天。

　　因为家里有保姆，要与资产阶级生活方式一刀两断，原有的住所不适合继续居住了。我们的新家，被安置到扬州第一人民医院宿舍。我记得是医院门诊楼的后面，空出的一座平房。

潘医生   唐医生

旁边紧邻医院托儿所，我已读了小学，那是妹妹的乐园。新的
生活环境对我们家每一个人，都是一个新的挑战。记得一个礼
拜天，全家人第一次学煮饭。大家围着炉子，看着锅里的水和
米在沸腾。邻居老太太过来看了，一下诧异地问：你们今天中
午喝粥吗？父亲、母亲齐声答道：我们在煮米饭。老太太听闻
后笑了，不由分说立刻将锅端起，倒掉许多水，然后手把手地
教我们，如何放水，如何煮饭。从那天开始，我学会了煮饭，
接着学会了烧菜。

　　此时是造反派掌权，父亲被闲置在一旁。母亲因为受父亲
的牵连，被调离手术室，到医院消毒供应室工作，主要工作任
务是为医院供应各种无菌器械、敷料、用品。面对新的工作，

潘医生一家

母亲欣然接受，乐得不用上夜班了。医院是知识分子成堆的地方，他们来自祖国的四面八方，大都住在医院宿舍。他们都很尊敬父亲，并与母亲也能相处和睦。

父亲、母亲最好的朋友，是潘医生和唐医生。潘医生就是那位会讲广东话的印尼华侨，唐医生是位当过兵的山东大汉。这一南一北的两位单身西医，是医院出了名的美男子。他们的相貌和资历，吸引了医院众多女医生和护士的眼球。特别是医院供应室旁边有一个班的护校女学生，个个青春靓丽，常常围绕着他们转。潘医生、唐医生欣赏父亲的厚重和人品，喜欢母亲的善良和热情。父亲母亲和他们特别合得来，久而久之，他们俩就成了我们家的常客。

广东话一开讲，母亲思乡的心，又重新回来了。孙寓的后人们的遭遇，她看在了眼里并经历其中。广州的赵家，问题则会更大。封建的大家庭，灾难来了作鸟兽散。她虽胸中有无限的痛楚，也不能言明，心心念念只能是放在心里。此时，单位里斗私批修、相互揭发，已然成风。

新中国成立前后，赵家的封建大家庭，随着社会进步，早已分崩离析。曾经显赫一时、八面威风的曾外祖父，落魄中重病缠身，不多久撒手人寰。八房的妻妾，死的死、逃的逃，只剩下八太太和一个小女儿留守在赵家。外祖父的胞弟赵廷鑑，解放前夕跟随国民党政府去了台湾。外祖父同父异母三太太的儿子，解放前染上了鸦片，后来也病故了。

新中国成立后，外祖父的私人小型医院，已不能行医，因为外祖父是有名的西医，有一技之长，被安置到西关的一所公立医院工作。家里的房产，除了长寿西路71号西关大屋以外全部充公。这间西关大屋也险些充公，全凭母亲寄回的一张日期为1953年10月，盖有中国人民志愿军政治部之印的《革命军人证明书》，保全了此屋。母亲一直为此而感到骄傲，她保留了家的一小部分。

史无前例的无产阶级"文化大革命"的滚滚洪流，又一次冲刷了这个风雨飘摇的家庭。红卫兵、造反派三番五次冲进赵家，

母亲 1953 年寄回的志愿军革命军人证明书

打砸抢掠走了很多古董。外祖父为了保护厅墙上的四幅古画，特地请人写了毛主席诗词"独有英雄驱虎豹，更无豪杰怕熊罴"作为对联，装裱装框镶在四幅画的旁边。来抄家的人审视了许久，

147

最终被这两句诗词镇住了，四幅古画才得以保存。外祖父在医院上班，被单位查出曾经在黄埔军校当过军医，这可是不小的罪过。于是，被终日批斗。外祖母胆小，经受不住这一次又一次的打击，一病不起。母亲等来的是一封电报，外祖母于1967年6月7日去世。

此时，父亲正在隔离、监督劳动改造期间，不得外出。母亲只身一人，回广州给外祖母送终。父亲只能尽可能地给予母亲更多的精神安慰。后来，幸亏有潘医生、唐医生经常到我们家里来坐坐，聊聊。特别是潘医生的乡音，无形中帮助母亲排遣了心中的伤痛，母亲逐渐从悲痛中走了出来。

潘医生、唐医生两人的家乡观念很重，非家乡的女子不娶。唐医生率先从山东娶回一位美丽、贤惠的女子为妻。潘医生这儿就有了一定的难度，首先扬州少有定居的广东人。而广东人也多半不会选择嫁来扬州，潘医生也不适应扬州，千方百计想回广东去。潘医生是印尼华侨，一表人才，为人忠实可靠。母亲通过与潘医生多年的接触和了解，加上乡音是不可或缺的情感纽带，特地把广东家里的一位小姑老太赵兴贤介绍给了潘医生。

赵兴贤是曾外祖父和第八房太太的女儿，1946年出生，出生不久曾外祖父就去世了。八太太和女儿一直和我外祖父一家生活在一起，母亲和她们有很深的感情。母亲的美意，他们彼

我们一家和叔叔一家在市人医金鱼池边合影

他的身材也不像父亲宽厚，显得纤瘦。他性格活泼、机灵、幽默。他给我们讲了许多有趣的故事。他会做裁缝，会各种技术，还会骑独轮车等。他为了使我们相信，还骑父亲的自行车现场表演了起来。他的表演让我们眼花缭乱，惊叹不已。祖母说他是"活猴子"，是大家的开心宝。

婶婶高义芬生得美丽端庄，个子高挑，温柔贤惠。婶婶比叔叔小十岁。婶婶是扬州郊区汤王乡田庄人氏。她的父亲长期在上海长航局工作，自幼母亲离世，与异母同胞兄弟高义荣和

继母生活。她过早地看尽了人生百态，养成了一个温柔体贴的好品性。叔叔婶婶性格正好互补。他们的一双儿女长得有点像外国孩子，真是人见人爱。叔叔婶婶还为每位家人送上上海带来的礼物。记得我的礼物是一条粉红色的尼龙丝纱巾，这条粉红的纱巾一直飘扬在我的记忆里。他们一家回扬州的日子，给这个家带来了无比欢乐。我们两家在市人医后花园假山前的金鱼池上，留下了珍贵的合影。

我和哥哥渐渐长大，融入了市人医大院生活。在大院里，我们有一帮玩伴，大院的各个角落留下了我们的身影和我们的欢笑声。就连医院里的来苏儿消毒药水的味道，也是我们闻惯了的味道。然而，好景不长，我们的生活充满了变数。

小秦淮河、珠江，我看到过河水荡起来的模样，人的家，也会荡吗？……

十七

1969年，为了贯彻毛主席"把医疗卫生工作的重点放到农村去"的"6·26"指示，大批医务人员下放农村。因我父母的履历，他们的名字无疑会出现在下放名单里。当时，我和哥哥刚刚上中学，妹妹才五岁。父亲母亲带着我们搬离了市人医宿舍，回到了东关街283-1号，将我们三个孩子托付给了祖母和保姆徐有英。

父亲离开扬州前去了小虹桥，和堂叔谈了很久。主要托付三件事：一是继续关心姐姐治病的事；二是继续关心外甥服刑的生活情况；三是拜托照顾他年迈的母亲和三个孩子，特别是放心不下年幼的小女儿。他还写信给在上海工作的弟弟孙恒华，叮嘱他们照顾好得病的姐姐。安排妥帖后，父亲母亲带着依依

不舍和内心愧疚的心情，辞别了家人，踏上了去江都锦西卫生院的路途。

江都锦西卫生院，位于区东北。原名陆桥村，为纪念烈士谈锦西而命名。这个地方很偏僻，当时交通极为不方便。交通路线为扬州—江都—砖桥，从砖桥顺着一条小路步行约两个小时到锦西。特别让人头疼的是，这一段路是黏土，晴天路上有一条条很深的车辙，自行车都无法骑。路上的唯一交通工具是手推独轮车，下雨天黏土黏得鞋子都穿不住。锦西卫生院也很简陋，一共两排房子。前面一排是医院所在的科室，院子里还种着一些菜。后面一排是宿舍加大锅灶厨房，全院只有十几个人。

父亲母亲被安置到最西侧的一间屋子里，里面的家具很简单。面对这穷乡僻壤的生活环境和简陋落后的工作环境，父亲母亲毫无怨言，坦然接受。这里要强调的是，父亲的抗击打能力是没有话说的，而母亲这位广州西关小姐，虽经过参加解放大西南和朝鲜战场的磨炼，但能如此坦然面对，实在是了不起。

交通极为不便，又缺医少药的一个乡镇，几万人口处在贫困线上。面临这样的状况，父亲母亲没有过多的怨言，很快就进入工作状态。父亲的到来，立马加强了锦西的农村卫生防疫工作。当时江都农村是血吸虫的重灾区，父亲是这方面的专家。他亲自组织队伍下乡，勘察、灭螺、检查、治病、回访、接种防疫疫苗等。锦西的每一条河流、每一道沟渠都留下了父亲的脚印和汗水。卫生院的同事和乡下老百姓都很敬重父亲，乡下的老百姓还常常送上自己种的土特产给父亲。往往父亲收下后，再付上款。他觉得老百姓生活不容易，不能白拿他们的粮食。休息日，父亲用自行车驮上这些土特产，走约两个小时到砖桥，然后骑车回扬州。此时，母亲乘汽车班车回扬州的家。

　　父亲母亲回家的日子，是我们家最欢乐的日子。妹妹一下子扑到母亲的温暖怀抱，撒娇地要父亲母亲亲亲她。父亲亲亲妹妹，摸摸哥哥的头，握握我的手。祖母笑呵呵地准备一桌好饭菜，徐阿姨打来一盆洗脸、洗手的热水。虽说家庭的分割，缺失了很多的亲情。但此刻的相聚，一种幸福感在我心中升腾。

　　父亲母亲当初选择把我们留在扬州，实属无奈之举。主要是为了我们的学习和生活条件好一点，舍不得年幼的妹妹跟着他们吃苦。祖母这位来自农村的小脚女人，用她那羸弱的身躯扛起了照顾孙家三代人的重任。她照顾祖父一辈子，自己养育了三个孩子，现在又肩负着照看我们三个孩子的重任。一个家庭主妇，在超负荷地任劳任怨地生活，是很不容易的。如果说家里父亲是顶梁柱，那她便是那屋脊上的椽子。望着她那渐渐老去的身影，我心里充满了感恩与不舍。

　　假期中父亲带我去了趟锦西。五六十公里的路程，坐汽车

中转了两段，还得步行跋涉两个小时。尤其是步行的路，一条条车轱辘辙印痕，高低不平。人与自行车相遇，都得留几分小心。自行车的铃声，一路叮叮当当响个不停。骑车人的身体随着辙印歪歪扭扭，稍不留意自行车就会歪倒。一般敢骑车的人，也得全神贯注，大汗淋漓。更多的交通工具是一种手推独轮车。而推车是个技术活，擅长推车的人，主要是掌握好平衡，用巧劲。有的独轮车车轴缺油，那一路吱吱扭扭的声音不绝于耳。

到了锦西，镇上很破旧、萧条。吃食店很少，能吃上个圆烧饼就不错了。父亲母亲的屋子，收拾得挺干净且温馨。母亲为我铺了一张小床，新的床单被褥有淡淡的香味。柜子上玻璃瓶里插着一捧野花，简陋的家具上配上了抽纱的台布，还有窗户上挂了带荷叶边的窗帘，这是母亲的杰作。母亲是一个懂生活的女人，弥补了乡村生活气息的不足，在极简的条件下，也能张扬出生活的情趣。在这里，我尽情地感受父亲母亲的生活。

1970年，哥哥初中毕业分配到扬州机械厂工作。我读高中，妹妹六岁。此时，父亲母亲工作突出，被调至江都砖桥中心卫生院工作。砖桥是江都的一个大镇，位于仙女镇东郊。东邻宜陵镇西湖村，南至新火村，北靠老通扬运河，328国道穿境而过。砖桥医院是附近乡的中心医院，医院规模较大，门诊各科室齐全。此外医院设备也好，后面还有住院病房。医院的医生有一半是扬州苏北人民医院下放的医生，还有从南京市、无锡市、江都县下放的医生和干部。父亲在砖桥卫生院主要负责医院的管理工作和农村卫生防疫工作。母亲在医院当护士，有时参加下乡巡回医疗工作。

砖桥镇上商铺林立，人来人往，一派繁忙热闹的景象。父亲母亲的宿舍在砖桥镇上一间茶水炉后面。穿过茶水炉后院，有三大间屋子，左侧一间隔成两间，分别住着苏北人民医院下放的两位护士。她们每人都有两个年幼的孩子，都是大孩子放在扬州，襁褓中的孩子跟着她们。右侧两间分给了父亲母亲，中间一间是各家烧饭和吃饭的地方。当命运把大家联系在一起的时候，他们不分彼此，共同度过那艰难的岁月。

1973 年春，我高中毕业。在家等待的空隙，父亲把我安排到砖桥中心卫生院学习临床检验。砖桥卫生院以妇产科著称，扬州苏北人民医院的妇产科专家肖国魁、洪满、万医生等在这里坐诊。他们看好了村民的很多疑难杂症，抢救了无数妇女、孕妇、婴儿的性命。农村人普遍文化水平不高，感情朴实，但民风剽悍。遇到家人危险的时候，他们往往采取极端手段，众人操着扁担围攻医院或肖大夫、洪大夫夫妇的家。让他们"划把刀"，每当医生竭尽全力，将濒于死亡的病人救回来的时候，家属们才放下扁担，化干戈为玉帛，千恩万谢。医院临床检验

科也要配合抢救病人，我们的主要任务是做血型鉴定、血型交配。血型交配完，所有试管都要保存一天，直至病人没有危险才能处理掉。新生儿的到来和病人的病情急转直下，是不分时间、场所的。有好多次夜里，我们被叫到医院配合抢救工作。当时检验科只有赵医生一个人，她的爱人在广州工作，所以每逢她去探亲，我就要独自撑起临床检验科的门面。经历多了，我也就从容了。这是我离开学校走上社会的第一步，收益良多。

在砖桥卫生院实习期间，我与院里妇产科五朵金花相遇、相知。她们分别是南京、扬州、江都知青，比我大四至五岁。她们都是美人胚子，到哪儿都是最亮丽的一道风景线。她们到哪儿都带上我。每天早上，我作为旁听和她们在妇产科围成一圈，依次回答老师的考问。休息时带着我赶集、逛镇、逛江都、逛扬州。她们可能把我当个孩子，或者是一个不错的倾诉对象，分别将自己的故事讲给我听。她们的人生经历，包括人生观、恋爱观，使我深受启迪。她们宝贵的人生经验，是我人生的一笔财富。其中一位女知青拉了一手好二胡，每天晚上在医院的小天井一隅拉二胡。她那婉转悠扬或低沉伤感的琴声，穿透静谧的夜空飘到远处，流入我的心田。若干年以后，那琴声依然在我耳畔飘扬。

父亲母亲在砖桥卫生院的工作、生活有序地进行。如是的生活让他们很满足，他们感到高兴的是，这儿离家近了，交通方便多了。正当大家沉浸在喜悦当中时，蒋家桥姑奶奶家传来噩耗，麻脸大儿子在单位上吊自杀了。时值无产阶级"文化大革命"后期，自杀的顾大大，生性胆小怕事，内向孤僻。据说他家在台湾的老三给他写信问家里的情况，被单位知道找他谈话。他心理太脆弱了，觉得自己活在危险的边缘，这犹如最后一根压死骆驼的稻草。呜呼哀哉！父亲闻此噩耗，火速请假回了扬州，和小虹桥的兄弟一起帮忙处理了表兄的丧事。

　　小秦淮河，水仍旧不疾不徐，缓缓地流淌……

十八

祖母、父亲母亲和我们

　　"青山缭绕疑无路，忽见千帆隐映来"。1975 年初，组织
对父亲有了新的安排，一纸调令将父亲母亲调回了扬州。父亲
调回扬州市卫生防疫站官复原职，母亲调到扬州市卫生防疫站

159

行政科。恢复了父亲的行政职务，单位领导还在本单位前楼，分了一间半宿舍给他们居住。父亲母亲回到单位的那天，单位的领导和同志们在大门口迎接，同志们的热情和友情令父亲母亲热泪盈眶。

这边，小秦淮河河里的冰一点点融化了，两岸的柳树枝也抽芽了，喜鹊在树上叽叽喳喳叫个不停。小虹桥孙家老宅乐融融。大先生家的两兄弟，在家里摆酒热情款待我们一家。为父亲母亲接风洗尘，并以此冲冲孙家这些年遭受的晦气。父亲春风满面，母亲笑靥如花，妹妹欢蹦乱跳，哥哥和我乐在其中。祖母和女人们紧紧相拥，眼里噙满了幸福的泪水。这一刻，全家人欢声笑语的余音，在我耳边回响了很久，很久……

其实，这几年小虹桥过得并不太平。"阶级斗争的威力，让一切牛鬼蛇神无处遁形"。堂叔孙恒贵千方百计隐瞒的历史问题，还是被组织上查了出来。好在是"文革"后期，仅革去了五金公司总账会计一职。他被调到门市部当小会计，后来直接下到柜台当营业员。堂叔的历史问题总算是尘埃落定，虽遭贬职，但毕竟卸掉了压在心里二十多年的沉重的思想包袱。他有重获新生之感，活得比任何时候轻松、敞亮。

父亲到任上班不久，卫生局领导找他谈话。谈话内容是，你们家老大已分配工作，老二生病本不应该下放，但卫生系统

叔叔孙恒华和婶婶高义芬

此的缘分，成就了这段美好的姻缘，他们于1969年结婚。正是千里姻缘一线牵，有情人终成眷属。他们婚后生活幸福，潘医生如愿调到广州去了。他们的美满婚姻，在市人医一度传为佳话。

父亲的亲兄弟孙恒华一家在上海生活，1967年前我们从未谋面。记得祖父在世的时候，孙恒华叔叔带着婶婶高义芬和一儿一女从上海回扬州省亲。在那个物资匮乏的年代，家里有亲戚在上海是一件值得荣耀的事。孙恒华叔叔比父亲小八岁，中间有过的哥哥姐姐没有保住，祖母说他命大福大。孙恒华叔叔和父亲长得一点都不像，和长姐孙淑贞倒是蛮相像的。我的印象中，叔叔长得有点像外国人，他的脸庞上嵌着两只深深的明亮的大眼睛，尖鼻子，头发微微弯曲（我也不知道是不是电卷的）。

父亲母亲和我们兄妹仨

的很多人都瞄着你孙站长。政策如此，希望你能支持我们工作，两年以后我们负责将你女儿病退上来。父亲此时在千般不舍、万般无奈下答应了将我下放。父亲一松口，单位就敲锣打鼓来了。带一个有架子的紫红杂木箱，上面系着一个大红绸子。一个网兜，里面放了两个搪瓷脸盆、饭盆、水瓶。此时，我感到很自豪，觉得终于可以响应毛主席"知识青年到农村去，接受贫下中农再教育"的号召，立足祖国农村大地了。

父亲母亲始终放心不下，郊区城北卫生院、城东卫生院的

161

领导，纷纷提出把孩子放到他们那儿。时值我在城东卫生院临床检验科实习。两次的从医经历，父母的意向是让我从医了。1976年6月，父亲母亲权衡再三，把我安插在扬州市郊区城北公社卜杨大队杨庄生产队插队落户。同时，把我安排到城北卫生院临床检验科协助工作。我在城北卫生院工作的这段时期，工作紧张、有序，收获了同志们的友谊。然而，我心里仍然惴惴不安。因为当时上山下乡政策规定，知识青年必须下乡劳动满两年，才有资格上调返城。于是，我执意辞去了卫生院的工作，下到生产队去劳动。

卜杨大队位于扬州城北之郊。出城向北，穿过享有唐代"十里长街"之称中的一段凤凰桥街，其属地东侧是吴王夫差开凿的古邗沟河故道的遗址，西侧则连接着草河分流。全大队共有十个生产队。杨庄生产队就位于这儿的城乡接合部，是个主要生产蔬菜的小队。全队有六十多户，三百五十人左右。队里的人基本上姓杨，只有极少数的外来户。队里的领导成员为队长、副队长（女）、队委、会计、技术员。杨队长是一位40岁，长了一脸大麻子，只认识自己的名字的莽汉，人称麻爷。

麻爷看似鲁莽却粗中带细。大队分给小队的知青他只要女知青，坚决不要男知青。他的理由是，男知青会造反呢。大队支书拗不过他，给他分了六名女知青。麻爷的担心不久得到了

印证。那年隆冬，马路边的田里，放眼望去是一片长势喜人的黄芽菜。队里加强了防范，每天有人巡逻。我们队后面的佘田队一位徐姓男知青，那晚在城里喝了酒，趁着酒性，夜里骑车返乡。他途经我队，看到长势诱人的黄芽菜，下车采了一棵就走。不料，此举被队里巡逻队发现，巡逻队立刻鸣锣报警。刺耳的警报声划破了寂静的夜空。瞬间，全村就像炸了锅，男女老少呐喊着，手持扁担、铁锹、锄头、耙子、镰刀，蜂拥而出缉拿盗贼。那场面我只是在电影里看过，现实中充满了紧张。摸黑的状态下，小徐被赶来的愤怒的人群，不由分说地揍了一顿。

当众人把盗贼拖到路灯下一看，立刻吓傻了眼。小徐绰号小霸王，会拳脚功夫，很邪性。吃了亏的小徐，觉得受了奇耻大辱。他露出一脸杀气，发疯般地脱光上衣，双手捶胸，发出咚咚的响声。看到这阵势，村里人知道碰见不要命的了，转身夺路而逃。小徐穷追不舍，一直追到村庄口。放出狠话：你们等着，老子今晚就烧了你们杨庄。那夜，杨庄全村男女老少全都坐在床上，一夜未眠。小徐并没有来报复，据说麻爷审时度势，连夜请出人来，安抚了他。自此后，庄上的人见他都绕着走。

麻爷看似凶神恶煞却悲天悯人。他第一次看到我说："作孽哟，把这么瘦小的孩子下放农村。"那时，他是公社农业学大寨的标兵，需要到各大队去巡回演讲。我负责为他写事迹报告材料，由于他不识字，就带着我到各大队去演讲。有趣的是，当主席台上报上他的名字，他就面带骄傲神情，带上我一起上台，由我替他演讲。讲到高潮的部分，他率先鼓掌，令人忍俊不禁。

在我插队农村的这段日子里，队长分配我在生产队帮助搞宣传，做一些力所能及的体力活。后来被大队选中，做大队工业总账会计。在杨庄生产小队，我有幸结识房东杨桂兰一家。房东杨桂兰是生产队队委，每次生产队队员全体会议都在她家开。我们生产队共收了六名女知青，记得那天在她家开会，动员社员主动认领知青带回家住。我们当时犹如孤儿似的，等着被人认领。眼看一位位同伴都有了着落，我的心一下子被提了起来。"我认领小孙。"我循声望去，是队委杨桂兰。我激动得差点哭了出来，从这以后，我就是他们家的家庭成员。此后的日子，我就住进了她家。他们待我比亲人还好。

杨桂兰的爱人在江苏省委第一书记许家屯家做厨师，常年不在家。她有两个女儿，都比我小，她们对我特别好奇，而且都特别善良。每天早上大孃（我对杨桂兰的称呼）用大锅炝熬粥，都要在锅里卧一个鸡蛋放点香油，捞一碗米饭给我吃。她的两个女儿对我也特别照顾，我劳动的脏衣服、脏鞋子都是她们抢着为我洗。说来也惭愧，她们一位比我小四岁，一位比我小七岁。我农活都干不过她们，每每都是她们来帮我。

高秀兰（高志凤母亲）和孙子小布

　　民间流传，当年隋炀帝杨广在扬州建行宫迷楼，后隋亡楼毁，很多宫女出逃，流落到城北乡嫁人，繁衍后代。庄上的老人说，城北乡这儿出美女。我在农村有缘结识了全大队第一美女高志凤，她比我小一岁，有一个弟弟和妹妹。她的父亲在上海工作，她的母亲高秀兰特别善良，对我关怀备至。她家离我住的庄上约二里地，家里有一点好吃的都要想到我，经常晚上接我去她们家品尝美食。遇到冬天，她母亲都将吃的端到床上给我们吃，然后为我用自己的体温焐热被窝，不是亲人胜似亲人。她们两

高志军（高志凤弟弟）　　　　高志凤（大队第一美女）

家对我恩高义厚，使我永生难忘。

　　被誉为大队第一美女的高志凤身材匀称，面容姣好，有一双水汪汪的大眼睛，梳着两条长辫子。因为她父亲在上海，故着装很考究。难能可贵的是一个农村姑娘，出落得清纯、文静、典雅。我和她在大队工作时，一见如故。她没满二十岁时，追求者就一大堆。最执着的追求者是我们大队团支书兼民兵营长杨志波。此人聪明能干，有文化和事业心。只可惜个头偏矮，又比凤子大五岁。凤子自然心里不愿意，她弟弟高志军看出姐姐的心思，护姐姐心切，放出狠话：杨志波再敢来，我打断他的腿。后来，杨志波出力帮忙，为心上人争取了一个高邮卫校工农兵学员的指标。高志凤在高邮上卫校时，我曾去看过她。年轻、漂亮、端庄的凤子，在学校不乏追求者。她向我坦露了心事，觉得进退两难。最终，她在杨志波热烈的感情攻势下，在母亲的坚持下，回到了大队，和杨志波成婚。这时杨志波已担任大队副书记，家就在我们杨庄。这场婚礼在当时是杨庄有史以来，最隆重、最热闹的婚礼。他们的婚姻，一度被传为佳话。后来，杨志波担任卜杨大队支书直至退休。

在我下放农村的这段日子里，父亲每个星期都会到乡下来看我，并捎来母亲为我准备的衣物、食物。每次看到父亲那温暖的笑容，感受到母亲那份沉甸甸的爱心，我内心很充盈，感觉我不是一个人在战斗。

由于父亲的历史问题，我一直没有敢写入团申请报告。我在大队当工业总账会计的时候，大队的农业学大寨工作组的人找我谈话，直截了当地指出，要我积极主动地向团组织靠拢。我不敢怠慢，回去立刻写了一份入团申请书，怯怯地递了上去。据团支部的知青告诉我，在团支部会上，有知青质疑我的出身问题，并指出我在生产队劳动时有不听从劳动分配的问题。这两个问题我确确实实存在着，一点没冤枉我。一是我出身不好是瞒不住的；二是当时生产队队长为了照顾我们知青，分配我们每天早上在板车后面帮忙推车，去东关街菜场送菜。再一个是分配我们每两位知青一辆板车，上街走街穿巷倒灰（从垃圾桶、

我和卜杨大队的女知青

168

住户掏灰）。一路上还要喊着："倒灰噢，倒灰。"灰装满一板车就可以收工了。这两个工种，我是万万不能接受的。除了我，其他知青都乐呵呵地接受了。我被说是小资产阶级思想在作怪，尽管如此，我也绝不动摇。大队团支部书记也是一位女知青，关键时刻她力挺了我。我得愿以偿，终于成为一名光荣的共产主义青年团团员，向组织上靠拢了一大步。

我们队里的六位女知青的出路不尽相同。有位陆姓女知青下放不到两年就上调回城了。我们心生羡慕又为她扼腕痛惜。她这上调的指标得来的代价太大了。那年，扬州城出了一件骇人听闻的事。扬州毛毯厂的一位车间工人，为了泄私愤，把厂领导陆书记的老婆堵在家中，放火把人烧死了。知青小陆得到母亲遇害的噩耗，悲愤万分。杨庄的父老乡亲无不洒下同情的泪水。不久，小陆拿到了上调返城的一纸调令。小陆走的那天，是一个阴冷的冬天，天上刮着寒冷、无情的风，我们五位女知青眼里噙满了泪水，依依不舍地把她送到村头，安慰她要振作起来，常回来看看。看着她远去的背影，我们不仅感叹：我们的路在何方？不久，我极不情愿地被调到大队当大队工业总账会计。知青中的大王（还有一位矮个小王）身高一米七二，麻爷安排她学手扶拖拉机，大王学成后，开着手扶拖拉机驰骋在田野里的身姿，是一道亮丽的风景线。家住凤凰桥的知青小方，人长得漂亮，干活能吃苦耐劳，能和贫下中农打成一片。她和庄里的最优秀、最帅气的一个小伙子，日久生情，谈起了恋爱，最后留在了农村嫁给了他。这在当时传为一段佳话。

小虹桥孙寓，孙恒富家有两个女儿先后下放，孙恒贵家下放一子一女，加上我共有五人到农村插队落户。一个特别的时代，给了我们这代人一段特别的经历。一段特别的人生，让我们有了一个历史进程中的个性标记——知青。几十年过去了，弹指一挥间，沧海变桑田。当我们追忆自己在农村的那段苦乐年华，认定往昔的光辉岁月，没有峥嵘，仅余"蹉跎"。回眸一望，青春故事里的那些人和事，依旧宛如彼岸花，开满了我们生活过的农村田野。

小秦淮河，坚冰融化了，又有了春天的气息……

十九

　　1976 年 10 月上旬，对中国而言注定是一个异常的历史节点。党中央采取断然措施，一举粉碎"四人帮"，"文化大革命"十年内乱至此结束。举国上下一片欢腾，饱受动乱之苦的人们奔走相告。消息传到小秦淮河河两岸，家家户户扬眉吐气、拍手称快。

　　此时，小虹桥正忙着办喜事。堂哥孙斌 1947 年出生，已近而立之年。他 1968 年底，插队兴化农村。经过农村的八年磨炼，眼见回城无望，有好心人帮他介绍了一位美丽善良的农村姑娘。他们从相识、相知到相爱，于 1977 元旦在小秦淮河小虹桥喜结连理。家里无比喜庆、热闹。小秦淮河缓缓流淌的河水见证了这一切。

堂哥孙斌结婚照

接着，好事连连。1977年邓小平同志复出，拨乱反正，恢复高考制度。高考制度的恢复，个人和国家的命运，在这里交汇和转折。孙家连我有五位知青。堂兄孙斌凭借着老三届的功底，不负众望考取了扬州师范学院。录取通知书发送到小虹桥那天，全家欢呼雀跃，小秦淮河两岸的街坊邻居纷纷前来祝贺。堂兄是沿河两岸恢复高考后第一位大学生，也是孙家这一辈的第一位大学生。可喜可贺。

我于1978年参加了高考，因基础较差，没能录取。此次的经历，我是失之东隅，收之桑榆。在千军万马的考场上，我认识了一位男考生。从眼缘到人缘，这位考上警院的男生，后来成为我的终身伴侣。后来有朋友戏谑，你们上演了一场考场为媒的戏码。我得感谢这考场，失落后的收获，也算是一段佳话了吧。

堂叔孙恒贵全家福

　　1978 年 12 月十一届三中全会的召开，开启了中国开始实行
对内改革、对外开放的政策。新的历史时期向我们走来，全中
国老百姓的命运从此得到了彻底的改变。1979 年知青大批返城，
堂姐妹们和我先后回到了扬州城，彻底告别了艰苦的知青生活。
小虹桥再次欢腾了起来，日子一天天好起来了。好事接踵而来。
"粉碎四人帮"以后，表兄汪培生现行反革命罪行案得以平冤。
他终于离开了埋葬他十年青春的洪泽湖劳改农场，回到了阔别
已久的家乡扬州。万幸的是，他母亲的疯病在上海医院得到很

兄妹仨

好的治疗，并在上海孙恒华叔叔一家精心的照顾下痊愈了。家人重逢，悲喜交加。表兄汪培生重获新生，他那心里积郁了多年的水，也逐渐被阳光蒸发。不久，小虹桥孙家对门尤家，也传来信息。尤家三姑娘——尤钟秀沉冤平反，只可惜三姑娘没有等到这一天。令人唏嘘不已。河对岸的张镇平医生也落实了政策，收回了张家宅邸。

此时，父亲的单位给我家分了新的宿舍。我们一家告别了居住十五年之久的东关街283-1号，搬入了石塔桥北卫生局宿舍。单位领导考虑到我们家人口比较多，特地在房子的东山墙加盖了一间房间，一间卫生间，一间厨房。小院子里还砌了一个小花台。祖母和保姆一个屋，父亲母亲一个屋，哥哥和未来的嫂子一个屋，我和妹妹一个屋。还有一个吃饭的小客厅，终日飘

父亲母亲和我们兄妹仨

着饭香和菜香。父亲每天早上那久违的起床号又响了起来："胜利的旗帜哗啦啦地飘……"随即我们笑成一片，跟着父亲的旋律唱了起来，新的一天开始了！

　　这会儿，我和妹妹小飞同屋生活才突然发现，我家有妹初长成。家里人都说哥哥、妹妹长相酷似母亲，我长相酷似父亲。母亲是标准的广东人，她们家的人长得都有凹抠眼、大眼睛、双眼皮的特征，唯独我是单眼皮，瘦瘦小小。妹妹长相继承了母亲，从小就漂亮且可爱，深得全家人的宠爱。妹妹特别爱漂亮，喜欢照镜子。父亲母亲下乡时她仅有五岁，是祖母和徐阿姨将

175

她带大。她可爱、阳光、自立，充满了朝气。记得我 16 岁中学毕业时，妹妹才 8 岁。有一天，我搀着妹妹的手送她去家对面东关一小上学，诧异地发现妹妹的班主任是我的中学同学杨某某。杨同学告诉我，妹妹是班上的文艺骨干，是他的"跟屁虫"之一。我便请他多多关照妹妹孙飞。

此后，我辞别了祖母、哥哥、妹妹去了江都砖桥，接着我又下放农村，这些年和妹妹聚少离多。当我兜兜转转回到了家，妹妹已到了花季的年龄，出落成美丽的大姑娘了。此时，妹妹已上高中。我1978年高考失利，父亲母亲丝毫没有责怪我。自此，全家把希望全部寄托在妹妹孙飞的身上。

1982 年 7 月，妹妹孙飞没有辜负众望，考取了南京大学法律系。她更没有辜负父亲给她取的名：飞，她带着全家人的希冀，带着青春的梦想在这里起航。

小秦淮河，河水在初夏的汛期，淌得欢了……

人世间的事总是喜忧参半，大起大落。

1982 年下半年，祖母辞世。这位嫁到小秦淮河小虹桥经历了清朝、民国、新中国时期的蒋王乡下的小脚女人用她那羸弱的肩膀扛起了孙家三代人的生活重担。她一生饱受战乱，历经磨难，踉踉跄跄，颤颤巍巍，度过了起伏、漫长的一生。祖母的勤劳、善良、慈爱、坚毅的形象，永远留在了我们心中。小秦淮河两岸的亲人、街坊邻居、乡下亲戚得到讣告，纷纷前来吊唁，死者生荣死哀。

同年，广州也传来噩耗，昔日的西关的赵家大少爷、西关有名的西医、我们的外祖父因病辞世。母亲得知此消息悲痛万分！

我于 1982 年元月结婚，当年 11 月女儿出世。我结婚前父

全家在石塔桥北北卫生局宿舍留影

亲母亲特别开明，表示尊重女儿自己的选择。临走前父亲撂下一句话：你不用担心，家永远是你的靠山。我女儿的出世，给这个家带来了欢乐。父亲母亲将家里的老保姆送到女婿家，还隔三岔五送来营养品，每月按时送来保姆工资。此时，国泰民安，家庭幸福和谐。哥哥也已经娶妻，即将生子。孙寓、赵家的第二代走了，第五代却悄悄地来了。

1983年上半年一天清晨，父亲按照惯例唱着："胜利的旗帜哗啦啦地飘……"身体一拗而起，突然大喊一声"不好"，

然后身体向后重重地倒了下去。家里的父亲，就像一面飘扬的呼啦啦的旗帜，不停地迎风招展。但不幸的是，父亲病倒了。经过医院诊断，父亲是脑出血，中风了。当我匆忙赶到医院时，看到父亲面色红润，但已陷入昏迷状态。站在父亲的病床前久唤不醒，他的生命悬于一线，我泪如泉涌。我怎么也不敢相信父亲那伟岸、挺拔的身躯，这么不堪一击！

父亲行伍出生，身体结实健壮。多年来他每天洗冷水澡，哪怕出差在火车上也不间断。他还坚持每天踢腿、压腿、打拳，身体健康的程度超过我们年轻人。他上楼梯都是一步跨两个台阶，跳跃着前行。这么多年来，他骑着自行车风里来雨里去，死神也让他三分。他笑对人生，为全家人遮风挡雨，是我们全家人的脊梁。一瞬间，一切都变了。我面对母亲那哀伤、无助的眼神，心里也腾起了酸楚。少不经事妹妹的哇哇大哭，哥哥的暗自神伤，我的心都要碎了。

那个年代，医院医疗检测水平还很差，没有做脑CT的仪器。虽经医院领导全力组织抢救，父亲的命是救回来了，但由于发病时脑出血量比较大，落下了半身不遂。在医院的日日夜夜，医生多次给父亲下了病危通知书。我们一家人的心跳随着父亲的脉搏而跳动，而父亲凭着坚强的意志，硬是闯过了一关又一关。经过一段时间的治疗，父亲脱离了危险，进入康复期。不久，他终于出院回家了。

父亲住院期间，嫂嫂生下一个男孩，取名孙序。这个家又有了新的希望！

谁也没有想到的是，父亲这一病竟是卧床九年。在这九年中，父亲以非常人能有的钢铁意志和病魔做斗争。他每天坚持在家人的搀扶下，拄着拐棍拖着残疾的身躯在小院子里锻炼行走；每次坚持强忍着痛苦对上门为他治病针灸、按摩、导尿的医生报以微笑；每天坚持戴着孩子的围兜自己吃饭，每天坚持看书、看报、看电视新闻联播。

在这九年中，父亲依然以从容的微笑去面对人生。他有一颗金子般的心，因为半身不遂，造成舌头伸不直，讲话不方便。他隐忍着自己的不便，也要像蜡烛一样去照亮他人。他会像个乖孩子似的哄着、安慰母亲，在生活起居上配合母亲；他会事事关心儿子、媳妇的生活和工作；他会关心大女儿、女婿的生活并督促母亲每月按时送上保姆费；他会为最关心的小女儿的生活和学业敦促母亲按月送上 50 元生活费。父亲是这个家的定海神针。

父亲的病牵动着单位领导、同事、朋友及小秦淮河小虹桥、东关街亲人及所有亲戚的心，他们从四面八方赶来，送上他们的问候和安慰。父亲的弟弟孙恒华特地从上海赶回扬州，母亲

左起孙恒贵、父亲、宣文龙
（从广州来扬探望父亲，曾
经的战友）

的姐姐、哥哥们也从香港、美国发来他们最真挚的慰问。姑妈
孙淑贞还在我们家住了一段时间，亲自照顾她的弟弟。亲情、
友情滋润着父亲和我们的心。

　　光阴荏苒，转眼妹妹大学毕业了，她被分配到桂林司法局
工作。父亲母亲认为那里是古代充军的蛮夷之地，十分不放心。
妹妹临行前，父亲紧紧拉着小女儿的手，母亲老泪纵横，我们
千般不舍地送走了妹妹。桂林是南方，她具备了一切飞的条件，
越飞越远了。父亲的病还是没有起色。家里虽然有保姆，但因
新添了个孩子，照顾父亲的重任落在了母亲的肩上。母亲是大
家小姐，不会操持家务事。父亲没病的时候是棵参天大树，为
这个家撑起一片天。这个时候母亲要扛起这片天，这里面的艰
辛不为人知。

母亲生性纯良、活泼、直率，爱好音乐、体育。记得 1980 年首播电视剧《上海滩》时，那首主题曲"浪奔，浪流，万里滔滔江水永不休，淘尽了世间事，混作滔滔一片潮流，是喜，是愁，浪里分不清欢笑悲忧……"响彻大街小巷。母亲擅长唱歌且会粤语，将这首《上海滩》主题曲演唱得原汁原味。有一次我去母亲的单位玩，刚走到走廊就听到熟悉的歌声，进去以后看见单位里一堆人围着母亲听她唱《上海滩》主题曲。母亲的歌声，感染了我和在场的每一个人。母亲唱毕露出羞怯的笑容，那一刻我觉得母亲特别美，我为母亲感到无比自豪。然而，父亲生病以后她变得沉闷了，眼睛里的神采也黯淡了许多。

　　我们那时工作、生活都挺忙的，一般一个礼拜回家一次。每次回家，母亲都要保姆准备很丰盛的饭菜。嫂子时常说：每次为你们回来做那么多的菜，你们走后我们要吃几天呢，可见母亲的一片真性情。父亲那儿，更是翘首相望。他会带着从容的微笑，报喜不报忧，还关心地问这问那。我每次回家看到父亲既感到心酸又感到安慰，每次又带着依依不舍的心情和他挥手告别。

　　有一次我回家，母亲正和一位讲广东话、长得也像广东人的阿姨用广东话交流。母亲特别兴奋地告诉我，这位老广东是她在石塔菜场买菜时搭讪认识的，她的丈夫是扬州建筑工程公司的书记，是广东人。母亲又找到了乡音，找到了情感的纽带，找到了不可或缺的精神慰藉。我从母亲的眼神里明显地感觉到她的神韵又回来了。我们全家人都为此高兴！从此，老广东阿姨几乎天天上我们家来，母亲只要操起广东话就幸福感爆棚。父亲坐在一旁一句也听不懂，但脸上始终会露出幸福的微笑。每一次看到此景，我不由自主地想到一首歌曲《牵手》。歌词写到：因为爱着你的爱，因为梦着你的梦，所以悲伤着你的悲伤，幸福着你的幸福，因为路过你的路，因为苦过你的苦，所以快乐着你的快乐，追逐着你的追逐……从此，每当我听到这首歌时，眼睛会湿润，脑海里会出现这一幕。

　　时值 1987 年，姑妈孙淑贞隐藏在心中的秘密不为人知。那就是对新中国成立前跟随国民党政府银行去了台湾的丈夫汪庆祎的刻骨铭心的思念。也许丈夫临行前，跟妻子信誓旦旦，到了海的那一边安定下来，会接他们娘俩。忠贞于爱情的姑妈，相信她亲爱的丈夫，不会轻易抛弃自己的发妻和儿子。她望眼欲穿，苦苦等了半辈子。她心里怨过、恨过，但没有放弃过。她苦心寻找连接海那一头的中转站，发出了若干寻人信件，往往石沉大海。古有孟姜女哭长城，今有孙淑贞寻夫，感天动地。姑妈通过不懈的努力，终于事情有了转机。姑父在台湾的一位朋友的女儿在美国生活，信件通过美国转寄台湾，台湾通过美

尤氏家族（二排左起四尤钟骐、左五孙恒贵、左六张键官）

国寄往大陆，一封信往往在途中往返半年时间。海峡两岸的鸿雁传书，报了平安，得了音讯。姑父孑然一身，没有再娶，姑妈独守空房，没有再嫁。笔至此，我的心里很酸。

在祖国大陆的努力推动和台湾民众强烈要求发展两岸交流的压力下，1987年10月14日，台湾国民党"中央常务委员会"通过台湾居民赴大陆探亲的方案。15日，台湾当局公布有关台胞赴大陆探亲的实施细则。台湾方面宣布，允许除现役军人和公职人员以外的台湾居民，可经第三地转赴大陆探亲，海峡两岸同胞分离长达38年之久的隔离状态，终于被打破。中国大陆于 1987 年 10 月 16 日起，接纳如潮水般涌入的台湾同胞。

小秦淮河小虹桥孙家老宅对门尤家传来喜讯，尤家二奶奶的侄子张键官先生离家四十余载，从台湾回家乡探亲。张键官先生是孙书房的学生，他和我父亲同岁，是父亲的发小。他从小受到良好的家庭教育，在孙书房读书时，是孙书房学童中的佼佼者。他出了孙书房，以优异成绩考入扬州中学。后就读武汉大学、国民党国防医学院、美国爱荷华州立大学等，主修生药学。学有所成后，在台湾办过实业。张键官先生对孙书房有着深厚的感情，因父亲病重卧床，堂叔孙恒贵代表孙家全权接待陪同。孙恒贵还与张键官及尤氏家族几十口人合影，留下了珍贵的历史瞬间。张键官先生是位学者，深深地懂得百年育人这个道理。他心系母校——扬州中学，每次回扬州探亲，都要尤二先生家第三代长子尤真带着他去扬州中学捐款。此番善举持续了很多年。

1989 年 4 月，离家四十载的姑父，几经周折，踏上了返乡的路。姑妈在东关街原来的巷子里的旧居等到了她儿子的父亲。丈夫离家那年儿子 5 岁，他们俩 30 多岁。而今他们夫妇已年逾古稀。当两鬓斑白的海外游子归来时，高堂早已辞世，发妻模样已改，幼儿已年届不惑，膝下已有孙女。这种旷世会面的情景，是难以用文字表述的。姑父由于签证的原因，只在扬州待了十天。

这十天犹如鹊桥相见，姑妈和姑父有倾不完的思念之情，道不尽的离愁别绪。临别前，姑父为姑妈戴上戒面上刻有"汪孙淑贞"的硕大的金戒指。他告诉姑妈，这只戒指是他到台湾后攒够了钱，在金铺专门为她定制的，这只戒指一直陪伴着他。他们相约再次相聚，但人遂天则不达。1990年2月4日，姑父在台湾因病辞世。噩耗传来，姑妈悲痛万分。表兄汪培生赴台全权处理了父亲的后事，带回了父亲的骨灰和遗物。自此，姑父和姑妈天各一方，姑妈无尽的相思，化成无尽的相思泪……

小秦淮河，河水奔流，也会追，追向了大海……

二十一

　　人们都说，病来如山倒，病去如抽丝。我渴望着奇迹，父亲能够重新站立，生龙活虎地出现在我的面前。父亲脑功能严重受损，肢体康复艰难，行动一直没有了自主。久病难愈的他，生病九年，与病魔抗争九年。他住了三次医院，挣扎在生死线上。此时，他的儿女心愈发重了起来。在身边的常见，不至于伤感。不常见的孙飞，则成了他的日常挂念。即便在医院病床上，他也唠唠叨叨，念念不忘，千里之外的小女儿飞，还好吗？

　　在父亲母亲的敦促下，我带着全家人的殷殷垂念，携六岁半的女儿赴桂林探望妹妹。一路的火车颠簸，一路的旅行劳顿，终于来到了桂林。久盼的飞，像个孩子似的头上扎了几个小辫子，在火车站出口处挥动着手迎接我们。我们相拥在桂林火车站，多年的挂念瞬间湿了眼睛。一路上，我心里暗自思忖：妹妹是位律师，打扮得像个孩子。或者说，她就是一个长不大的孩子，她在这儿能行吗？

然而，我的疑虑随着拜访桂林司法局的领导而打消。碰巧的是桂林司法局局长是扬州人，一下子我们的距离就拉近了。乡音的情，让我们亲近友好地攀谈了起来。他向我介绍了当地的各方面的情况，赞扬了孙飞对桂林司法界的贡献，特别提到她在桂林办了一个轰动全市的案件。说她尊敬领导，团结同志，赢得了大家一致好评。局长的此番话令我很吃惊，没想到外表像个孩子的妹妹迅速成长了，还如此优秀，我为妹妹的成长而感到骄傲。

在桂林期间，妹妹充当导游带着我们游漓江、下阳朔，领略了桂林的山山水水。那短短的几天，我们说了好多好多的话。临别时我们紧紧握住对方的手，彼此目光里满是未曾落下来的泪。随着火车的轰鸣声，我们不得不挥手而别。父亲母亲知晓妹妹的情况，稍许放宽了心，但郁结于母亲心里的疙瘩始终未解开。母亲是广东人，有着很深的家乡情结。南方人到北方生活，有诸多生活风俗、习惯不一致。比如饮食上，淮扬菜讲究色香味，烧菜、炒菜酱油放得多，汤是最后喝。粤菜讲究颜色、口味清淡，煲的汤是饭前喝。每次阿姨烧菜、炒菜，母亲都在一边大喊：

放生抽,少放盐。其实,母亲在家是大小姐,根本也不会做菜。

有一次,母亲自告奋勇下厨,要为大家煲花生米黑鱼汤。当她满怀成就感为大家端上这锅汤时,还亲自为我们每个人盛了一碗鱼汤,然后用期待的眼神等着我们品尝。哥哥率先尝了尝,觉得味不对。原来母亲讲究生鲜口感,把活鱼直接下了锅,连鱼肠都没去除。这汤的颜色不对,不是我们期待的乳白色,鱼腥味也特别重,我们纷纷搁下筷子,真的没法喝了。只有父亲笑眯眯的,有滋有味喝下了母亲煲的鱼汤。事后母亲也纳闷,觉得她家里人就是这样烹饪的呀,母亲太搞笑了。另外母亲对北方的气候极为不适应。在北京生活的时候,冬天有暖气,也能对付。而扬州冬天阴冷,没有暖气,南方人很难适应。母亲每逢冬天,手上、脚上甚至脸上都会生冻疮。当初在北京时,父亲提出转业,母亲有两种愿望:一是希望不转业留在部队;二是希望转业回广州生活。但最终母亲为了达成父亲回家乡的心愿,跟随着父亲来到了扬州。然而,在扬州生活这么多年的母亲,依然朝朝暮暮思念着她的家乡。而这份思念之情,随着岁月的流逝越来越深,沉淀得越来越醇美。而今,她把能重返家乡生活的希望,全部寄托在了小女儿的身上。

"1979年,那是一个春天,有一位老人在中国的南海边划了一个圈……"一曲《春天的故事》唱响了大江南北。世纪伟人邓小平在当时的地图上都找不到的一个边陲小镇，划了一个"圈"，1979年开始建立深圳市。1980年8月26日，深圳设置经济特区。深圳这个曾以农田和荒山面貌呈现的边陲小城，因其独特的地理位置，迎着改革的春风，一跃成为中国最具活力的、最年轻现代化的城市之一。

妹妹孙飞得知这一消息，跃跃欲试，想去这片热土。那儿是母亲的家乡，同血缘的一些亲人还在。三个子女，都守着父亲的故乡，有点不公平。嫁夫随夫的观念，在新的时代潮流中，受到了冲击。改革开放，不是单纯地与世界接轨，而是一种观念的改变。对于一个不断变化的世界，及我们自己的闭关锁国，需要改变的东西太多了。珠江边的赵家，对于我们这一代来说，仍是一个谜一样的存在。

都说上海年轻，晚清还是一个小县城，但比起深圳，上海已经像位风韵犹存的贵妇了。而深圳，则犹如一位天生丽质的小姑娘，绫罗绸缎、珠光宝气加身。再看，深圳与北京同为国际化的大都市，却不像北京那样洋溢着古老的气息。同为华南中心城市的广州，因为文化积淀而富有底蕴，深圳却因为创新开放而充满活力，吸引了很多的人。都说罗马不是一天建成的，但是深圳好像是一夜之间拔地而起的。深圳这座海滨之城，激情、活力、年轻、骚动，大鹏展翅，意气风发。全国成千上万的人

满怀理想，奔赴这片热土，开创了天翻地覆的事业。

孙飞于 1990 年，赴北京中国政法大学涉外经济专业深造。结束后，她去了深圳，被深圳机场录用。她带着梦想和亲人的重托，来到了深圳，并逐渐站稳了脚跟。1992 年，她有幸参加了深圳国际航空港的前期策划，成为深圳国际空港的领航人，为深圳的航空事业做出了贡献。当然，妹妹在深圳拼搏，跟着"深圳速度"这个时代快速发展的符号，在这块热土上洒下了太多的欢笑和泪。这儿有太多的故事，每天都在这个年轻的城市上演，也正因为这处处充盈着的活力和希望，从而铸就了多彩而富有魅力的深圳。

小秦淮河，河水与珠江的水亲近了起来，从东海到南海……

二十二

母亲在广州

　　妹妹去深圳工作和生活，是给父亲母亲最大的心理慰藉。尤其是母亲喜不自胜地逢人便说：小飞去了深圳。这还不够，她还想亲自去看一眼。父亲洞察了母亲的心思，反过来安慰她：想去就去呗，我这儿你不用担心。父亲比母亲大十一岁，他一直宠着母亲。父亲生病卧床离不开人照料时，母亲才51岁。在漫长的九年里，母亲没有睡过一个囫囵觉。她尽心尽力伺候好父亲，家里的阿姨只能搭把手。最了不起的是父亲病

母亲、哥哥和我在广州

重的时候,身上从来没有生过褥疮。这一方面是母亲职业为护士,重要的是母亲有一颗善良纯真的心。父亲何其幸也。母亲的艰辛和不易父亲全看在眼里,他也会体贴母亲,经常克服身体的不适,尽量不去打搅她,还希望她出去散散心。特别是每到冬天看到母亲手上、脚上甚至脸上生冻疮时,父亲都会面露愧疚之色。他知晓母亲是因为他被困在了扬州,不然母亲冬季会到广州过冬。父亲强装笑颜、强忍着身体的病痛,安排姐姐来替换母亲。1991 年 10 月，母亲安排好父亲的生活，临行前千叮咛、万嘱托与父亲告辞，携儿媳妇和我去了广东。

在我的记忆中，母亲只回过三次家。早一次的回家，是1962 年的夏季，当时我们全家还在北京。母亲的探亲假批了下来，父亲因工作需要不能离开，母亲希望她的两个孩子能跟她回广州。她真是拼了，肩挑一条扁担，两只黄色帆布旅行包，拉扯着一双儿女。坐了两天两夜火车，辗转回到了她朝思暮想的家。我依稀记得，母亲的家是一所古老的大宅子，室内装修讲究，窗子都是花花绿绿的（后来知道那叫满洲窗）。陈设有贵重的红木雕刻的家具，有古董、字画、盆栽、镜台及各种艺术品，看得我眼花缭乱。因为人小，光认识人就费了劲，留存的印象也不深。

我记得，外祖父外祖母等好多人围了上来，他们叽哩哇啦地和我们说了些什么（后来知道问我们会不会广东话）。母亲异常兴奋地用家乡话和他们交流了起来，他们有讲不完的家乡话，道不完的家乡情。我们懵懵懂懂喊了这位又喊了那位，他们说的任何一句话我们都听不懂，我觉得仿佛置身另外一个世界。当时的六十年代除了上学的小孩会讲一点普通话，其他人基本上不会讲普通话。我们在那儿就像迷途的羔羊，水土极为不服。有照片为证，我和哥哥那次在广州拍的照片全是皱眉头的。

母亲、哥哥和我在广州

　　还有一天，我们和舅舅、姨妈的孩子们在宅子里面玩捉迷藏。因为宅子太大，我们又不熟悉环境，玩的时候我和哥哥不知不觉分开了，我找了个隐秘处藏了起来，半天没动静，我出来居然找不到回头路了，急得我差点哭了出来。那次的广州行我还出了一件糗事。母亲的堂弟有一日领着哥哥和我去了位于西关的荔枝湖公园游玩。荔枝湖以湖泊为主体，园内亭、台、榭、廊、轩、阁掩映于碧波绿树之中。当我们泛舟于荔枝湖上，我异常兴奋，不小心失去了平衡，掉进了湖水中。当湖水漫过我的头顶时，慌乱中一种求生的本能使我的双臂在水面上乱舞。我的堂舅舅反应快，俯下身及时抓住了我的双臂，把我从水中拎了上来。这次让人惊魂未定的经历，使我终身难忘。

195

后一次的母亲回家，是 1967 年，我们的外祖母去世了。因在"文革"期间，我的父亲正遭受打击，她是一个人去的。形影相吊的孤身一人，又是至亲的人离去。回家后，就见她沉默了，很少谈起这次的回家。再一次的母亲回家，是 1982 年，我的外祖父去世。那次我的父亲把母亲送到镇江火车站，拿出家中的加急电报，只争取到一张火车票。不得已，母亲只能只身前往广州。进入 90 年代，一个开明、开放的时期。日子都往好了过，无论是生活，或是环境，都有了一种奔头。当我和母亲一行人，怀揣着一份欣喜，再次远赴广州探亲之时，心里不无感慨：当年的年仅 17 岁的西关赵府三小姐，毅然决然离开一个封建大家庭，投身到火热的革命斗争中去，细数这个年头，觉得母亲真了不起。

广州长寿西路 71 号，是母亲的家，是在人民中路旁边，上下九附近的一条路，据说因长寿寺而得名。清朝年间，突然一把火，将其烧成废墟。1906 年，两广总督岑春煊在此废墟上，竖立了广州第一座自来水塔——西关水塔。自来水造福了人民，标志了文明的进步。这里还曾经流传着一个感人至深的故事，话说清朝年间，长寿寺附近楼台亭阁，小桥流水，突遭洪水，有一家夫妇因此失散。妻子含辛茹苦将儿子抚养成人，儿子寒窗数载，衣锦还乡，发现母亲频频去长寿寺，心中疑惑。后来

上排左起：表姨、嘉敏、舅舅 下排右起：嘉美、外祖父

得知长寿寺里的一位和尚是他失散多年的父亲，他既然皈依佛门，一切了无牵挂。而他的母亲依然坚持去探望曾经的丈夫，当时此地水很多，儿子为了方便母亲探视特地修了一座桥，起名顺母桥。《路名志·长寿路》详细介绍了这一史料。

1991 年，母亲时隔 9 年，我时隔 29 年，再次踏入长寿西路 71 号，已然是时过境迁，物是人非。外祖父、外祖母已逝，那种热闹劲没有了。老宅已面目全非，原来的西关大屋的格局完全不复存在了。西关大屋门廊的矮脚吊扇门、趟栊、硬木大门

我的太婆（曾外祖父八姨太）

我的姑婆（太婆的女儿）

我的太婆和她的女儿

没了，满洲窗没了，取而代之的是朝着街面的三个铺面。其中一个铺面租给人家卖家具，一个铺面自己家人卖餐厅橱柜，一个铺面香港表妹卖自己创的品牌服装。街面上各类商铺门面鳞次栉比，改革开放的强劲春风，已然吹进了这条古老的长寿西路。

我们一行人从后街小门进了母亲的家，迎接我们的是舅舅的二女儿嘉敏。稍坐了片刻，楼上下来一位老妪，母亲上前恭敬地称呼为表姨。老太太将我们带到存放外祖父、外祖母遗像的房间，焚香祭拜。正是"羊城旧路，檀板一声惊客去，不拟重来，白发飘飘上越台，故人居处"。我后来得知，老太太是曾外祖父八姨太的表妹，外祖父与她 1975 年结婚。表姨在纺织厂上班直至退休，她无儿无女，人很善良。外祖父在世时生活全靠她照顾，她赢得了赵氏家族对她的敬重。这位善良的老人，

一排左起：表姨（外祖父续娶太太）、太婆、姑婆、二姨妈

于 2003 年追随外祖父而去。

在广州期间，母亲带着我们拜访了太婆一家。太婆是曾外祖父的八姨太，她于 1912 年出生，时下大清朝倾覆，国民政府成立。她出身于一个开米铺的家庭，家境殷实。后来，因时局动荡，军阀混战，家道中落。在她花季年纪时，她的外祖母和母亲眼睛都患有失明症，她迫于无奈嫁给了曾外祖父做了八姨太。1946 年她的女儿出生了，没两年曾外祖父就去世了。她带着这个女儿一直留在了赵家，直至女儿结婚后有了新的房子。

只见那太婆身材矮小、纤瘦，面庞有广东潮汕地域、类似阿拉伯人的明显特征。凹陷的大眼睛透着深邃的目光，精神矍铄。想必当年的八姨太一定很惊艳，她的故事一定很多。那时我就有专程采访她的冲动，只是和她语言沟通上有很大的障碍，一直机缘不凑巧。她于 2016 年离世，享年 105 岁。我错失良机，悔之晚矣。

太婆的女儿赵兴贤按辈分是我的姑婆，只因她年岁和我们相差不大。母亲刻意向我们隐瞒了她和太婆的身份，叫我们喊她表姐。后来母亲将同事印尼华侨潘医生，介绍给了"表姐"。视乎这样的辈分，我们接受起来没有了难度，也容易沟通很多。大家族的跨代的血缘关系，明面上不想为外人知，一个"乱"字加身，颜面是搁不住的。潘医生和"表姐"，他们生育了一双儿女，生活幸福美满。在他们家做客，我们感受到了浓浓的亲情。

几天后，我们结束了广州之行直奔深圳。妹妹孙飞已经在深圳落脚，看望她也是我们的行程的重要一环。这个改革开放的桥头堡，是中国第一个经济特区。当汽车驶入花园锦簇的深南大道上，宽阔的路面，已向我们展示了一个大城市的模样。从那幅国人尽知的邓小平巨幅画像前经过，很多人都会深深地回望。这幅画面，象征着这个城市的名片，早已深入人心。在

我和母亲在深圳国贸大厦旋转餐厅

深圳市政府的大门外，有一尊名闻遐迩的"拓荒牛"石雕，这尊形神兼备的雕塑是深圳特区的城徽。

我们在深圳机场候机楼见到了正在忙碌的妹妹。母亲见到心爱的小女儿，显得特别高兴。我和嫂子也簇拥了上去，千里之外的相逢弥漫在满满的爱之中。妹妹领着我们参观了她工作的地方和住处，并去见了她的领导。确实如她所说，一切安好。接下来我们游览了深圳的主要景点，特别是见到了"深圳奇迹"。八十年代，160米高的国贸大厦以"三天一层楼"的速度，刷新了美国"四天一层楼"的速度，创造了"深圳奇迹"。当我们站在高耸入云的国贸大厦的旋转餐厅，环绕鸟瞰深圳全貌，真是有点不太真实的感觉。

深圳代表了国家未来的希望，是时代的弄潮儿向往的地方。既然妹妹选择了这儿，走她自己的路，也许会闯出一片天地，也未尝不可。相见总有分别时，到了我们和妹妹告别的时候了，母亲泪眼涟涟，反复交代妹妹注意事项。离别的愁绪深深地感染了我们……我们挥手告别，约定来年深圳再见。

　　小秦淮河、珠江的水，就这样相遇了，缓缓地流进了我的心中……

1992 年新年来临，我们几乎都围绕着父亲过年。父亲的病虽没有多大的起色，但也还算是稳定。新年期间，拜访的亲友络绎不绝，自然少不了小秦淮河小虹桥的亲人。我们围绕在父亲身旁，那一刻觉得特别幸福和温馨。父亲总是带着从容淡定的微笑，那微笑浸润、温存着我们每一个人的心田。从父亲得病，这是第九个年头了。只要父亲在，我们的年就过得特别富足和踏实。

好日子总是过得很快，转眼间已到和妹妹约定深圳再见的日子。

1992 年 8 月 16 日，我又一次带着父亲母亲的殷切希望，偕同先生和女儿踏上了深圳这片充满魅力的热土。都说深圳这座城市具有魔术功能。1992年邓小平第二次到深圳后，深圳又开始了新的腾飞。我们来到这里，映入眼帘的是街道上高楼林立，车水马龙，熙熙攘攘，霓虹璀璨，亦幻亦真。纵横交错的交通设施，构成了城市的血脉和骨架，新型的国际化大都市已初具规模。当妹妹身着一袭职业装款款向我们走来，出现我们的面前，我有点反应不过来。她一改原来的发型，留有齐耳的短发，显得职业、干练，已然是一位白领丽人。这应该也是深圳的魔力吧，改变浸透人心。

接下来的日子，妹妹一有空就来陪伴我们。这里是海滨城市，椰风海韵，细浪白沙，景色怡人。正当我们尽情地徜徉、呼吸南国风光时，母亲打电话给我，电话那头带着焦虑和哭腔：你们赶快回来，你父亲突然病重住院了。我听闻后，心中一惊，先安抚好妹妹后，就即刻返程了。

回到扬州，我们直奔医院。躺在病床上的父亲，消瘦了些，鼻子上插着氧气和鼻饲管。见状，我鼻子一酸忍不住掉下泪来。病床边上的母亲憔悴了许多，哥哥嫂嫂黯然神伤。母亲告诉我们，父亲突然肺部感染，高烧不退，医院又发了病危通知书。面临突如其来的状况，我立马先稳定了情绪，想到先生时常夸我的那句"每临大事有静气"。我相信有着钢铁般意志和顽强生命力的父亲，会扛过这一关的。我先向医院的病床主治医生询问

了父亲的病情和治疗方案，然后与医院领导及父亲单位领导沟通，希望他们全力进行医治。我对母亲和远在千里之外的妹妹，也进行了安抚，稳定她们的情绪。母亲很了不起，打起精神全力救护父亲。其间，父亲醒了过来，神志很清醒。他冲着我露出从容淡定的微笑，眼睛里示意：放心，我没事。冲着父亲这笑容，我那晚睡得特别香。

　　人世间的事往往事与愿违。1992年8月27日父亲因一口痰窒息，抢救无效，骤然离世。父亲的兀然辞世，使我刻骨铭心地感受到什么叫撕心裂肺。

　　送别了一拨又一拨前来吊唁的亲朋好友和小秦淮河的邻里故旧，办完了父亲的后事。在这期间，听了许许多多人对父亲

父亲的追悼会

追忆父亲　　　　　　　　　我在南京莫愁湖畔排遣忧愁留影

　　的回忆与赞颂。当我独自走进他的房间，关上门，一下就闻到了他的气息。屋子里一切都是原样，只是五斗橱台面上多了一帧他的遗像。站在父亲那通达宁静的遗像前，我放声痛哭了一场。

　　那些日子里，父亲会不经意地走进我的梦中，梦中的感觉时而清晰时而模糊。梦中，有在北京时，母亲时常上夜班，父亲为我梳小辫的场景；有在东关街父亲当着全家老小的面，从自己的碗里夹鸡蛋给我吃的场景；有父亲生病卧床时，艰难地从他的上衣口袋里掏出两个金牙套硬塞给我的情景；有父亲宽厚待人，仗义疏财的生活场景；有父亲那种"不以物喜，不以己悲"的宁静、祥和的生活态度和生活场景，等等。梦里的场

景令人欢愉和幸福，梦醒后却令人泪湿满面，心中无比失落和惆怅。父亲，我多么希望小秦淮河是一条贯通天上人间的河流，我愿以水的姿态奔向您，俯身再一次倾听您的教诲……

　　那段日子，"父亲"一词仿若一座大山横在我的心上，若隐若现，总也挥之不去，我好像是病了。此时，在南京工作生活的闺密向我伸出了援助之手。我暂时抛开了家庭和工作去了南京，远离一下伤心地。闺密的家位于南京莫愁湖公园附近，我们经常徜徉在美丽的莫愁湖湖畔，湖中传奇的莫愁女似乎有着神奇的化忧解难的功能。在闺密的陪伴和开导下，经过半个月的心理疗伤，我终于从悲伤的情绪中走了出来。

　　没有父亲陪伴的母亲，比我们想象的坚强。她把生活的重心全部移到了子女身上，她辞去了保姆为儿孙亲自打理家务，

广州祖宅广式红木椅

母亲和我们兄妹仨

207

母亲在病床上和她的哥哥姐姐们最后合影

还关心照顾女儿的生活。她闲暇之际学唱歌跳舞，每年冬季到广州、深圳生活四个月，次年清明前准时回扬州为父亲扫墓。母亲后来搬迁过两次，两次都和我住在一个院子里，我每天都能听到她那特殊的南腔北调和爽朗的笑声。我只要生病，她都会来陪伴我并买很多营养品给我。

　　母亲会为儿女倾其所有，比如，她知晓我想收藏父亲家老物件的愿望后，背着我写信给在美国定居的哥哥，硬生生地要了两张广州老宅的广式老红木椅子给我。当看到从广州寄来的红木椅子时，我愣在了那里。这时的母亲，在一旁露出了得意的笑容。后来，她还带我去香港两次，每次住港一个月。在港期间，由于大姨妈家四个菲佣口语是英语，她们家的语言交流只用广东话和英语，我在那儿就成了聋子哑巴。母亲在家里家

我的家人和舅舅、姨妈们

外充当我的翻译，我和她寸步不离。逛街时，她健步如飞，包揽了所有的行李。她说你身体不好，我来拿。这就是我那可爱善良、健康开朗的母亲。

有母亲陪伴的日子轻松快乐，父亲辞世的阴影逐步消失。

然而，天有不测风云，人有旦夕祸福。2003 年 7 月，母亲被检查出患有恶性肿瘤。得知消息的我五内俱焚，我怎么也不能相信这个事实。我抱着希望去了上海二军医大长海医院，专家的诊断无情地打破了我的幻想。专家指出通常得了这种病，只能存活三个月。我独自哭了很久，怎么也不相信母亲会离开我们。在母亲生命的最后日子里，我们尽可能地挽留她的生命。她的两个姐姐和哥哥，分别从美国和香港赶到扬州探视。母亲一辈子单纯得像个孩子，我们善意地隐瞒了她的病情，她也就信了。直到她生命的最后一刻，她也不知道她有可能醒不过来。我们希望她不带着恐惧而安详地离去，母亲的生命定格在2004年7月27日。

面对母亲的病逝，我痛彻心扉。我在亦步亦趋地沿着父母的足迹前行，他们却超出我想象地走得太快。我以为生命如此坚强，他们已经挺过了最艰难的岁月，正享受秋阳的照料。但生命竟又如此脆弱，一眨眼的工夫，我的眼就迷蒙了起来。树欲静而风不止，子欲养而亲不待。现实是残酷的，我们只有把对父亲母亲的思念，编织成千回百转的记忆片段，搁浅在缓缓流淌的小秦淮河的水中……伸一把手，却永远捞不出全部，只有残片。

小秦淮河水承载着人世间的风风雨雨、苦乐年华，依然缓缓地流淌……

二十四

在香港和大姨妈、姑父合影

人生百年，在历史的长河中就是一瞬间。父亲、母亲的代际，走完了他们的生命历程，离世已有多年。我一直心存感激，有为他们留下些文字资料的愿望。当我鼓足勇气，想用自己的浅知拙见写出心中的祭奠时，才发现我们家族的命运，与时代的命运如此紧密相连。20世纪上半叶的动荡和苦难、历史螺旋式上升的艰难、曙光出现的欣慰，在这一个特定的时空中，交汇迸发

我和先生、妹妹与大姨妈

出华彩。

　　河流是人类依存的生命线，虽说在这样的河流中，无数个家族被淹没。但我愿意写出来，留下先辈们的足迹，知道自己的归去来兮。由于在那个特定的历史时期里，父亲母亲在世的时候，对家族和自己的过往三缄其口，避讳谈论。特别是父亲那一段风云际会、跌宕起伏的历史画卷和生活经历，他从来没有和我说过相关的往事，没有留下这段往事相关的物件、照片和文字。仿佛那是一段从来不曾存在的岁月，永远消失在历史的烟尘中。然而，随着历史转圜，晨曦微露，我加快了追逐这段往事的脚步。

　　小秦淮河上的小虹桥，是父亲生于斯长于斯的地方。深秋的一天，我沿着小秦淮河的身畔，追寻那若影若现、虚无缥缈、却又真实存在过的故事。小秦淮河，是扬州明清古城内部现存的唯一南北流向的内城河，是一条承载着扬州历史、文化记忆的河流。南京有条秦淮河，扬州有条小秦淮河。明代诗人林章写过两句有名的诗："不知今夜秦淮水，送到扬州第几桥？"第一次把南京秦淮河与扬州小秦淮河联系起来。

行走在小秦淮河河畔的我，如同在历史的长河中游历，恍然有隔世之感。我的眼前仿佛再现出明清时的小秦淮河风景宜人，画船如梭；史可法护城时的鼓角铮鸣，金戈铁马；两岸大宅门的女

我的家人们

广州亲人在扬州

佣尾随着珠光宝气的女主人捧着一摞摞光鲜的成衣、绸缎，在麻石铺就的街面上匆匆而过；当解放的第一抹阳光洒落在小秦淮河时，全城插满了随风飘扬的红旗；"文革"的暴风骤雨冲刷着小秦淮河的河床；改革的春风荡漾着小秦淮河……我很想让这些转瞬即逝的画面静止，让我平静地记录，可是，隐约间总有那么一粒石子荡起河水的涟漪，敲击着回忆。多少前尘往事……怎能忘记？

父亲的家就坐落在小虹桥旁边。古老的小桥早年得到修葺。

它像一轮弯弯的月牙儿横跨在碧绿的河面上，水面上秋阳透过树叶的罅隙，打下了斑驳的光影。桥身一块破砖一段历史，数摊积水数面古镜，几朵青苔几付心事。我刻意在小虹桥留了影。桥下两岸有三三两两的居民在晒太阳。我顺着小虹桥的台阶漫步而下，脚下的石板路，皴染出长长短短、粗粗细细、情情意意的黑色线条，无声地诉说着它的故事。古老的与新生的，经纬交织，铺就出桩桩心事。眼前是孙家老宅，前些年已易主，现已面目全非，成为一栋贴了墙砖的二层小楼。我上前叩门，无人应答，只好作罢。

我顺着老宅门前被萧萧秋风吹冷的麻石台阶，上了南柳巷。在南柳巷八大家，我巧遇年过八旬的张老先生。张老先生是扬州市工商管理局的退休干部，家住八大家，距离我家老宅不过百米。他记忆犹新地告诉我，他是孙书房的学生，我祖父是他的启蒙先生。他经常被孙先生用红木戒尺打手掌心，先生的教诲至今

小秦淮河小虹桥

215

探访八大家

探访孙家祖宅

不忘。张老先生的一席话令我醍醐灌顶，祖宅的孙书房是一束光，是点燃自己、照亮他人的那一抹亮光。

纵观父亲，他也传承了这一抹亮光。他在经受了生活锋利的切割和粗粝的打磨后，只要有一点光，就反射出耀眼的光。这种精神就像泰戈尔诗中所说："这个世界以痛吻我，我却回报以歌。"从父亲一世的作为和对待人生命运的态度，我看到了他内心的光。每当我在黑的地方行走时，我不会感到害怕，因为有一束光在照亮着我。

父亲母亲他们是那么善良、隐忍、宽厚，爱意总是那么不经意地写在他们脸上，让人觉得生活到处是融融暖意。当然，他们也会有一些自己的痛苦和烦恼，比如亲人故去的时候，下放时和子女分离的时候，他们会抑制自己的情绪。我从

他们身上，领略最多的就是那种随遇而安的平和与超然，还有他们具有的悲天悯人的情怀。这几乎决定了我成年以后的人生观和道德观，知行合一，锲而不舍。

感谢先人们，把我带入扬州这座城市。古城的历史漫长，有着它的骄傲、辉煌及苦难。更为幸运的是，现在的古城已被列为联合国机构认证过的人类最宜居城市和美食之城。是这座城市收留了我的先人，养育家族的一代代人。我虽不生于斯，但长于斯。我也感恩这座城市收留了我，让我有了一个自己的家，并愉快地安度自己的余生。我走进了我最好的时代，知足常乐。

孙寓的先人们，尽忠职守地完成了他们的使命。对于我们这些后人们，扬州城就是难忘的故乡。孙家的一株生命树，落在了扬州，注定了与扬州的缘分。大先生、二先生的枝丫上，已结了丰硕的果。当然还有蒋家桥的那位姑奶奶，也不知他们的支流上，也流淌了多少亲缘的血液。祖宗的香火，就是这么向前推进的。孙书房已走进了历史，但教书育人的底蕴还在，一面先生的旗帜还在。我尽数了孙家第五代人，竟然有八位年轻人从事教师的职业。不散的先人魂灵，就是这样薪火相传的。

在波澜壮阔的历史进程中，我们每一个人无不例外地被裹挟前行。随着时代的沉浮，我们在时代的变迁中走出了一条条奇特的人生之路。这条路纵然有荆棘、泥泞、坎坷，但我们没有迷失自己。在这条漫长的人生道路上，我们尽量拓展生命的厚与宽。孙寓的后人们，愈发多了起来，平凡地进进出出，演绎着自己的故事。

小秦淮河阅尽了世事风云变幻，历经沧桑，不动声色，不舍昼夜，依然缓缓地向前流淌……

后记

　　我们这个民族，一直以有浩瀚的历史为荣。洋洋洒洒，绵长不绝。能记住的历史，主要有留存的文字、物件及建筑。进入现代社会，也会有影像的留存，更直观地反映历史的一份面貌。然而，文字一定是占据其中心的主导地位。

　　传统的习惯上，国家会修史，地方会修志，族群会修谱。1949 年后，人民公社化停了家谱。"文革"时期，毁了祖宗的牌位。尽管有些大家庭已然分崩离析，但以家庭的直系为主要单元的家仍存在。这些直系小家，上溯两代，下沿两代，上下五代人的人际脉络，会清晰地呈现。以血缘、亲情为纽带的家，是人生的最重要的寄托，更是难以割舍的。

　　孙氏家族祖宅坐落在古城扬州小秦淮河的小虹桥边上。小

作者的部分手稿

秦淮河，是扬州明清古城内部现存唯一南北流向的内城河，它是一条承载着扬州历史、文化记忆的河流；它源于运河，流向运河。小秦淮河犹如一条玉带，串起了十余座著名桥梁，小虹桥就是其中最漂亮的一座拱形桥梁。我作为家族的一员，钩沉厘清，还原了家族的脉络。这些虽是细小的陈年往事，但对一个家庭来说，有着非凡的意义。如果我的先人们有在天之灵，能够看到我的苦苦寻求，他们的灵魂一定会得到慰藉。

故我以真实的故事、真实的情感、真实的体察，从小虹桥

祖屋边的小秦淮河入手，在河水的流动中，展开了家族的故事。这是一段跨越百年的历史。我忠实地记录了孙氏家族及邻里、母系赵氏家族，在时代变迁中的生存百态，人生况味，纷繁杂陈。其所包含的风风雨雨，起起落落，已留存于此。怎样的一个个悲欢与离合，疼痛与坚守，撕扯与坚韧，光明与希望，才成就了一个家族的立世。

我一直对父母的身世，及他们的经历，无法释怀。尤其对父亲的跌宕起伏的命运，九死一生的故事，充满了一种尊敬和感慨。书中我对家人都进行了人物形象描写，多用于直描，感性多于理性。而对我的父亲母亲的这一代人，我虽无法完全按我的思维来全部理解他们，但他们的坚韧、顽强的生命力，对待世事的包容与宽慰，可以给我们以启迪。我已然用心地写下这些文字，但离他们的境界还相差很远。文字里的众多留白，也许就是他们的那些所想所愿，给我留下的财富。

现代的家庭，代际的纽带正在缩小，人们不再背负光宗耀祖的使命感。随着迁徙的自由，个性的解放，一个个家庭融入到庞大的城市群中。人的一切需求，通过市场化和城市社区的功能得到解决和满足。社会的变革，让家族的力量，成为一种集体力量。而民族的地位，远高于家族，并裹挟着家族向前奔驶。

非常庆幸我们来到了这个世界，在一场场生命的律动中，感悟生命给我们带来情感上的不同色彩。生于这样一个以和平、发展为主导的时代，写下我的家族的百年历史，以小见大，反映社会变革，呼应着我们民族的复兴。这部作品对于我和家人的意义，远远大于文字本身。在这里我要特别感谢蒋霞萍女士、长北先生、张寄伯先生、李北海先生、杜海先生，及我的那些至亲至爱的亲人对我的倾心相助。书中文字有限，我与你们的爱是无限的！

　　中国艺术研究院中国书法院院长、中国书法家协会理事、国家一级美术师管峻先生，提笔为本书题签；第一批国家级非物质文化遗产项目扬州玉雕代表性传承人、中国工艺美术大师顾永骏先生，制作了本书封底印章，谨此致谢。

2019年12月一稿
2020年5月二稿
2020年6月三稿
2020年7月四稿

图书在版编目（CIP）数据

小秦淮河钩沉 / 孙宁著. — 上海：文汇出版社，
2021.1（2024.1重印）
ISBN 978-7-5496-3411-8

Ⅰ.①小… Ⅱ.①孙… Ⅲ.①家族－史料－扬州
Ⅳ.①K820.9

中国版本图书馆CIP数据核字(2020)第267373号

小秦淮河钩沉

作　　者／孙　宁

责任编辑／熊　勇
装帧设计／王丹丹
封面摄影／张寄红

出版发行／文匯出版社（上海市威海路755号　邮编200041）
印刷装订／永清县晔盛亚胶印有限公司
版次／2021年1月第1版
印次／2024年1月第2次印刷
开本／890×1240　1／32
字数／130千
印张／7.5

ISBN 978-7-5496-3411-8
定价／42.00元